Wörter-Spielwiese

Ein Hieroglyphen-Alphabet

In einer Kartusche stand meist der Name eines Pharaos.

1 Entschlüssle die Wörter und schreibe sie unter die Kartuschen.

2 Überlege dir vier Wörter und verschlüssle sie mi… des Hieroglyphen-Alphabets.
Male die Schriftzeichen in die Kartusche.

Lesen und schreiben lernen im alten Ägypten

Schon vor über 3 000 Jahren entwickelten die Ägypter die Hieroglyphen-Schrift. Es gab Zeichen für Mitlaute, Silben und ganze Wörter, aber keine besonderen Zeichen für Selbstlaute. Mit der Zeit entstanden Tausende von Hieroglyphen. Man konnte von links nach rechts, von rechts nach links oder von oben nach unten schreiben. Wichtig für die Anordnung der Zeichen war, dass ein schönes Schriftbild entstand. Wenn man ungefähr 700 Zeichen wusste, konnte man Schreiber werden. In Schreiberschulen, die meistens zu einem Tempel gehörten, lernten Jungen aus reichen Familien das Schreiben. Mädchen wurden zu Hause unterrichtet. Es gab schon damals Grundschulen. Aber nur Kinder aus reichen Familien wurden ab fünf Jahren aufgenommen.

Das meiste, was die Ägypter aufschrieben, waren einfache Buchhaltungen: wie viele Schweine oder Ochsen, wie viel Holz oder Getreide für den Pharao und seinen Hof gekauft wurden und was es kostete. Da nicht alle Ägypter schreiben und lesen konnten, malten die Schreiber einfach ein paar Szenen dazu. Die altägyptische Sprache spricht keiner mehr. Deshalb weiß man auch nicht, wie sie genau gesprochen wurde und wie sie klang. Im heutigen Ägypten spricht man arabisch. Die Ägypter erfanden viele nützliche Dinge, wie zum Beispiel die Wasseruhr oder den Papyrus (eine Art Papier). Sie waren das erste Volk, das das Jahr in 365 Tage und den Tag in 24 Stunden einteilte.

1 Beantworte die folgenden Fragen in vollständigen Sätzen:

In welcher Schreibrichtung wurden Hieroglyphen geschrieben?

Wo lernten Jungen und Mädchen schreiben und lesen?

Wie wird im heutigen Ägypten gesprochen?

Nenne zwei Erfindungen, die den Ägyptern zugeschrieben werden.

Wörter mit SCHRIFT

1 Bilde zusammengesetzte Nomen und schreibe sie mit dem Artikel auf.

Anna und Volkan stöbern auf dem Speicher in einer alten Truhe herum.

Da finden sie eine vergilbte ____________________. Was ist das?

Seltsame ____________________ in einer krakeligen

____________________ stehen auf dem Papier. Es sieht fast so aus,

als wäre es eine ____________________, die vielleicht den Weg zu

einem Schatz beschreibt. Und dann noch das Siegel und die

____________________! Ob dieses ____________________

wohl echt ist? Die Kinder wollen es herausbekommen.

2 Setze passende zusammengesetzte Nomen aus Aufgabe 1 ein.

Wie wir leben

Kinder haben Rechte

Ein Kind braucht seine Ruhe,
die Kleider und die Schuhe,
die Mahlzeit und den Raum,
Wiese, Luft und Baum.

Ein Kind braucht gute Schulen
und auch mal Schlamm zum Suhlen
und oft ein gutes Wort
und Freunde hier und dort.

Ein Kind braucht …

Irmela Brender

1 Schreibe in Stichwörtern auf, was ein Kind noch braucht.

2 Schreibe mit Hilfe deiner Stichwörter eine eigene Strophe für das Gedicht. Die Wörter müssen sich nicht reimen.

Nomen mit Wortbausteinen

wirklich gefangen neu tapfer zeichnen höflich

ehrlich locker erklären pünktlich geheim entdecken

freundlich gesund erleben prüfen trocken frech

finster hindern beobachten dumm ordnen ergeben

1 Bilde mit den Wörtern Nomen, die mit **-ung**, **-heit**, **-nis** oder **-keit** enden.
Schreibe die Wörter geordnet auf.

Nomen mit -nis

Einzahl	Mehrzahl	Verb oder Adjektiv
das Geheimnis	die Geheimnisse	geheim
das Hindernis		
das Ereignis		
die Wildnis		
das Gefängnis		
das Ärgernis		
das Erlebnis		

1 Bilde die Mehrzahl und bestimme die Wortart, von der das Nomen abgeleitet wird. Unterstreiche ein Verb rot und ein Adjektiv grün.

Wörterschlange

KRANKKÄMPFENKLUGHEITKENNTNISVERDIENENFRÖHLICHAKTIVBEREITENACHTUNGFREISAUBERKEITWOHNENÄHNLICHDUNKELHEITERFAHREN

2 In der Wörterschlange stehen Nomen, Verben und Adjektive. Schreibe die Wörter auf. Unterstreiche Nomen blau, Verben rot und Adjektive grün.

Mehrzahlformen mit -nisse richtig schreiben;
die Wortart kennzeichnen, von der ein Nomen mit-nis abgeleitet ist;
Wortarten erkennen/Groß- und Kleinschreibung anwenden

Herbst

Eine Geschichte fertig schreiben

Heute gab es bei uns viel Aufregung. Als ich von der Schule nach Hause kam, saß meine Schwester weinend in der Küche. Unser Meerschweinchen war verschwunden! Meine Schwester hatte vergessen, die Tür vom Käfig zu schließen, und dann war Otto davongelaufen. Sie hatte schon die ganze Wohnung abgesucht, aber er war nirgends zu finden.

Als es Abend wurde und wir beim Essen saßen, raschelte es im Käfig. Ich war froh, dass unser kleiner Ausreißer wieder da war. Diesen Nachmittag werde ich so schnell nicht vergessen.

1 In dieser Geschichte gibt es nur die Einleitung und den Schluss. Schreibe den Hauptteil und suche dir dann eine Überschrift.

Wortbausteine verändern Verben

Der Hamster

Als Hamster wird eine Gruppe kleiner, grabender Nagetiere ______________________ *(aufzeichnen, auszeichnen, bezeichnen)*. Sie ______________________ *(anfassen, befassen, umfassen)* etwa 15 Arten. Das Verbreitungsgebiet der Hamster ______________________ *(ausstrecken, erstrecken, überstrecken)* sich von Europa bis nach Zentralasien. Alle ______________________ *(nachsitzen, besitzen, aufsitzen)* große Backentaschen, in denen sie ihre Vorräte transportieren. Wenn die Backentaschen voll sind, ______________________ *(herausragen, hervorragen, überragen)* sie manchmal sogar die Schulterblätter. Beim Goldhamster können volle Backentaschen den Kopf doppelt so groß ______________________ *(erscheinen, bescheinen, aufscheinen)* lassen wie normal.

1 Wähle ein jeweils passendes Verb aus und setze es in der richtigen Form ein.

	ab-	an-	auf-	be-	ein-	ent-	er-	über-	ver-	zu-
graben				X						
greifen										
halten										
kleben										
legen										
raten										
sammeln										
stehen										
treiben										
ziehen										

2 Kreuze an, welche Wortbausteine zu welchem Verb passen.

3 Suche dir zehn Verben aus und bilde mit ihnen Sätze.
Schreibe die Sätze in dein Heft.

Wörter mit a und ä

1 Setze **a** oder **ä** ein.

2 Immer drei Wörter gehören zusammen. Ordne sie in die Tabelle ein. Unterstreiche jeweils den Wortstamm.

Verb	Adjektiv	Nomen
glänzen	glänzend	der Glanz

Natur entdecken: Pflanzen

Auf dem Hochsitz

Letztes Wochenende nahm mich mein Vater mit auf einen Hochsitz. Lange saßen wir und warteten auf ein Reh oder einen Hasen. Immer wieder schaute ich durch das Fernglas zum Waldrand. Plötzlich bewegte sich dort etwas …

1 Schreibe mit Hilfe der Gedankensammlung den Text weiter.

Unser Waldklassenzimmer im Jahreslauf

Im **Herbst** verfärbt sich das Laub gelblich und rötlich.
Die Blätter fallen von den Bäumen und Sträuchern ab.
Eine dicke Laubschicht bedeckt schließlich den Waldboden.
Wir laufen darauf wie auf einem Teppich.
Während der **Wintermonate** wirkt der Wald mit seinen kahlen Bäumen manchmal wie abgestorben. Unter der Schneedecke und der dicken Laubschicht bleibt es jedoch einigermaßen warm.
Im **Frühling** sind die Laubbäume noch ganz kahl. Dann dringt die Sonne bis auf den Waldboden vor. Sie erwärmt ihn und bringt die Buschwindröschen zum Blühen. Schön leuchten die weißen Blüten.
Bis zum **Sommer** treiben die Laubbäume ihre Blätter kräftig aus.
Auf den Waldboden fällt weniger Sonnenlicht.
Die Buschwindröschen verblühen.

1 Unterstreiche die Satzglieder: das Subjekt blau und das Prädikat rot.
Achtung: Manche Prädikate bestehen aus zwei Teilen.

2 Schreibe die Verbformen aus dem Text mit ihrer Grundform auf.

Wörter-Labyrinth

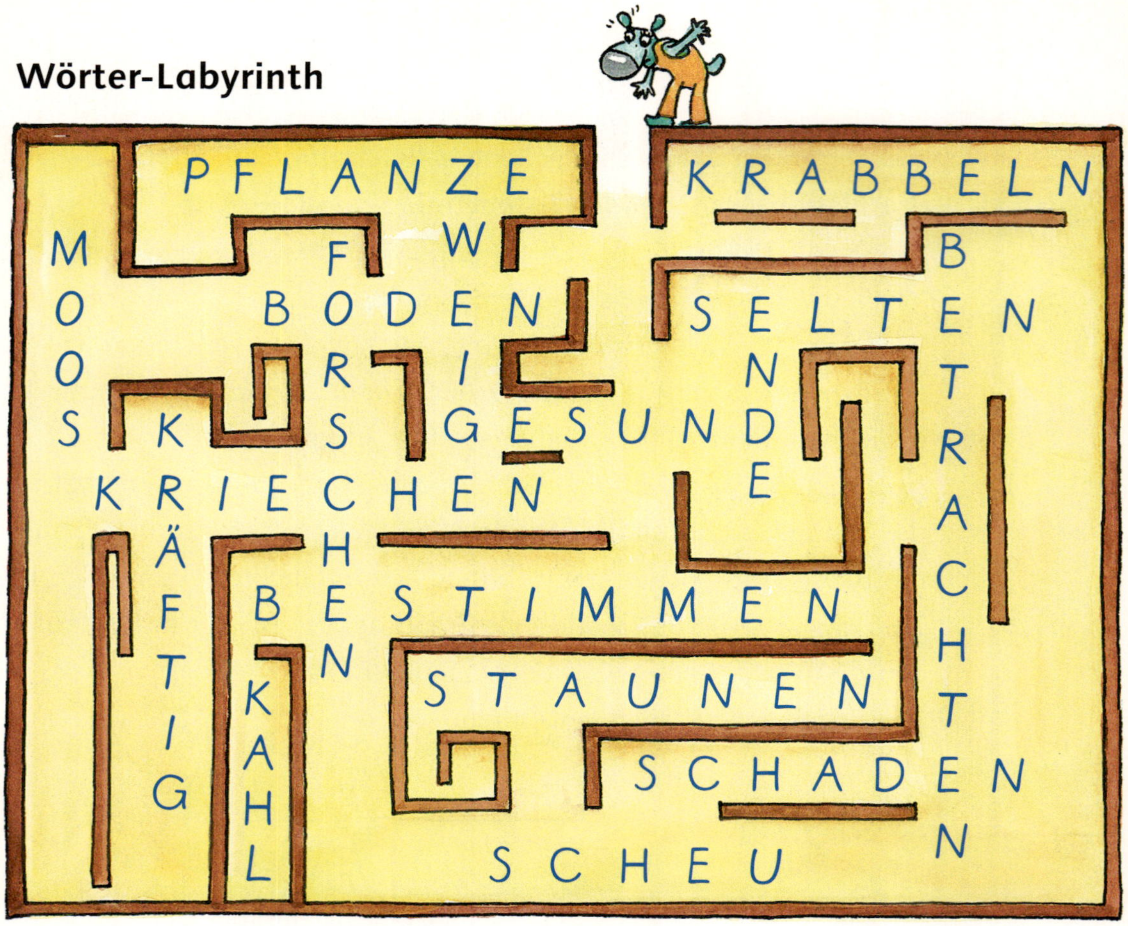

1 Schreibe die Übungswörter auf. Beachte die Groß- und Kleinschreibung.

2 Unterstreiche Nomen blau, Verben rot und Adjektive grün.

b, d oder g?

die Wäl ___ er – ______ die Ber ___ e – ______

die Stä ___ e – ______ die Win ___ e – ______

die We ___ e – ______ die Trie ___ e – ______

die Län ___ er – ______ die Aben ___ e – ______

die Zwei ___ e – ______ die Grün ___ e – ______

3 Ergänze die fehlenden Buchstaben und schreibe die Einzahl dazu.

Märchenhafte Welten

Wer spielt ...?

Wo spielt ...?

Wann spielt ...?

1 Suche dir von jeder Frage ein Bild oder mehrere aus und schreibe ein Märchen.

Die Bienenkönigin

Es waren einmal drei Königssöhne, zwei gingen auf Abenteuer in die Welt hinaus. Der jüngste Königssohn, welcher der Dummling hieß, blieb daheim. Als seine Brüder nicht wiederkamen, machte er sich auf und suchte sie. Aber als er sie endlich fand, verspotteten sie ihn nur.

Schließlich zogen sie zu dritt fort und kamen an einen Ameisenhaufen. Die zwei Ältesten wollten ihn aufwühlen. Aber der Dummling sagte: „Lasst die Tiere in Frieden, ich leid's nicht, dass ihr sie stört!" Da gingen sie weiter und kamen an einen See. Auf dem schwammen viele Enten. Die zwei Brüder wollten ein paar fangen und braten. Aber der Dummling ließ es nicht zu und sprach: „Lasst die Tiere in Frieden, ich leid's nicht, dass ihr sie tötet!" Später fanden sie ein Bienennest, darin war so viel Honig, dass er am Stamm herunterlief. Die zwei wollten Feuer unter den Baum legen und die Bienen ersticken, damit sie den Honig wegnehmen könnten. Der Dummling hielt sie aber wieder ab und sprach: „Lasst die Tiere in Frieden, ich leid's nicht, dass ihr sie verbrennt!"

Endlich kamen die drei Brüder zu einem Schloss. Nachdem sie alle Räume und die Ställe durchschritten hatten und niemandem begegnet waren, standen sie vor einer Tür, an der drei Schlösser hingen. In der Tür war ein Fenster, durch das sie in die Stube sehen konnten. An einem Tisch saß ein Zwerg. Sie riefen ihn einmal, zweimal, aber er hörte nicht. Als sie zum dritten Mal riefen, stand er auf, öffnete die Schlösser und kam heraus. Er sprach aber kein Wort. Am anderen Morgen kam der Zwerg zu dem Ältesten und leitete ihn zu einer steinernen Tafel. Darauf standen drei Aufgaben:

Das Schloss wird erlöst, wenn es gelingt,
1. vor Sonnenuntergang die Perlen der Königstochter im Wald unter dem Moos zu finden, tausend an der Zahl,
2. den Schlüssel zur Schlafkammer der Königstochter aus dem See zu holen,
3. unter den drei schlafenden Töchtern des Königs die jüngste und liebste herauszusuchen, die für ihr Leben gern Honig nascht.

Wem es aber nicht gelingt, die Aufgaben zu lösen, der wird zu Stein. So sehr sich der Älteste auch bemühte, die Perlen zu finden, es gelang ihm nicht. Er ward zu Stein. Und auch dem Mittleren erging es nicht besser. Der Dummling aber löste alle Aufgaben, denn er fand die richtigen Helfer. Der Zauber war vorbei und er heiratete die jüngste Königstochter. Und wenn sie nicht gestorben sind, dann leben sie noch heute.

nach den Brüdern Grimm

1 Wer half dem Dummling wohl bei welcher Aufgabe? Trage die Nummer ein.

	Aufgabe
Enten	
Bienenkönigin	
5000 Ameisen	

Merkmale von Märchen

- ☐ Viele Märchen beginnen mit „Es war einmal …“.
- ☐ Tiere oder Gegenstände können sprechen oder verhalten sich wie Menschen.
- ☐ Zauberer, Feen, Zwerge und Hexen setzen ihre Zauberkräfte ein.
- ☐ Mit Hilfe von besonderen Gegenständen können manchmal Wunder vollbracht werden.
- ☐ Wünsche werden erfüllt. Oft sind es drei.
- ☐ Es müssen oft drei Aufgaben erfüllt werden, um einen Zauber zu lösen.
- ☐ Die Zahlen 3 und 7, auch die 12, spielen manchmal eine wichtige Rolle.
- ☐ Die Zahl 13 bedeutet oft nichts Gutes.
- ☐ Menschen werden von Ungeheuern oder anderen bösen Wesen bedroht.
- ☐ Bei drei Kindern ist oft das jüngste besonders klug oder schön oder gut oder dumm …
- ☐ Das Gute siegt meistens und das Böse wird bestraft.
- ☐ Der Schluss heißt oft: „Und sie lebten glücklich und zufrieden bis an ihr Lebensende.“

1 Lies das Märchen von der Bienenkönigin auf Seite 14 noch einmal durch.
Kreuze an, welche Merkmale eines Märchens du darin findest.

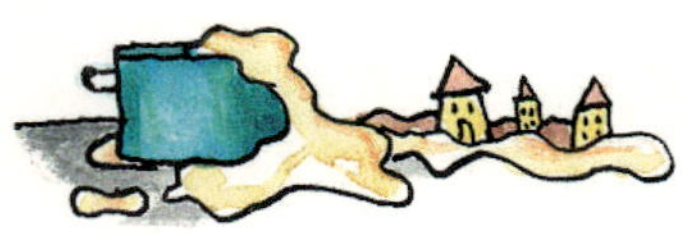

2 Schreibe unter jedes Bild den Namen des Märchens.
Besorge dir den Text eines der Märchen und lies ihn.
Oder: Erzählt euch gegenseitig die Märchen.

3 Wähle ein Märchen aus und schreibe auf,
welche Merkmale du darin entdeckt hast.

Ein besonderes Tagebuch

1 Stell dir vor, du bist mit Amundsen unterwegs zum Südpol. Nach fünf Tagen Schneesturm hat sich der Wind endlich gelegt. Alle Männer sind gesund, aber fünf Schlittenhunde haben den Sturm nicht überlebt. Du liegst im Zelt in deinem Schlafsack. Draußen ist es bitterkalt. Bei Kerzenlicht schreibst du in dein Tagebuch ...

6. Dezember 1911

Endlich hat sich der Sturm gelegt.

Das Ross-Meer

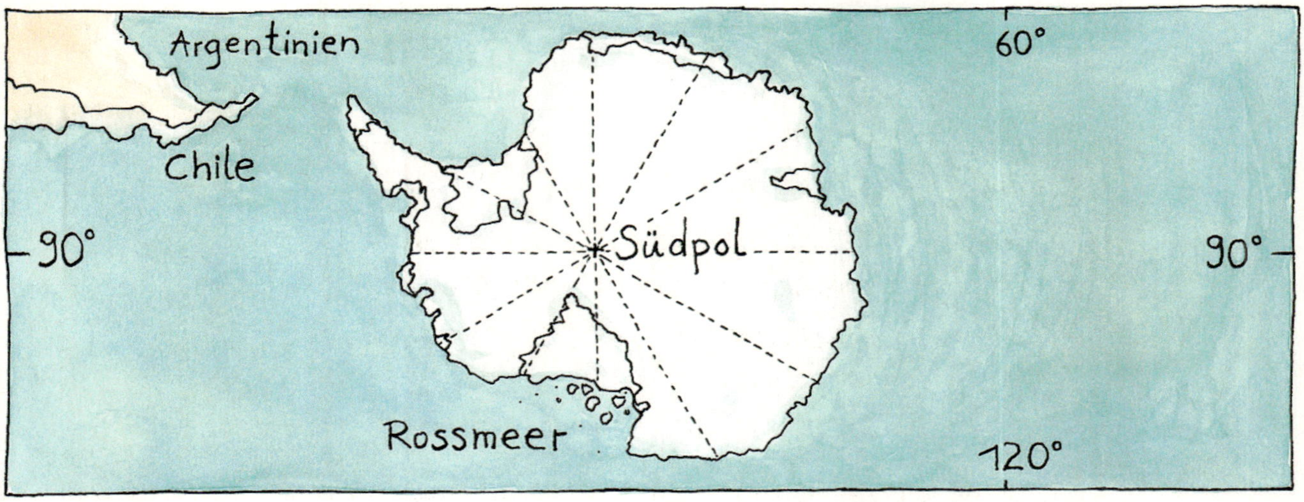

Das Ross-Meer liegt nur etwa 1 000 Kilometer vom Südpol entfernt. Es reicht von Neuseeland bis zur Antarktis. Das Meer ist von einer Eiskruste bedeckt, die bis zu drei Metern dick ist. Im Winter friert die Oberfläche des Wassers zu. Im Sommer brechen die Eisfelder auf. Schiffe, die das Ross-Meer durchkreuzen, treffen auf zahlreiche Eisberge. Diese Eisberge können bis zu 30 Metern hoch werden. Nur mit besonders ausgerüsteten Eisbrechern kann man dort fahren. Sonne, Wind und die Wellen des Meeres geben dem Eis immer neue Formen. Es entstehen fantastische Figuren, Häuser und Paläste.

1 Beantworte die Fragen zum Text. Schreibe immer nur die Textstelle auf, die auf die Frage antwortet.

Wer oder was liegt nur 1 000 Kilometer vom Südpol entfernt? ______________________

Wen oder was bedeckt eine drei Meter dicke Eiskruste? ______________________

Wessen Oberfläche friert im Winter zu? ______________________

Wer oder was bricht im Sommer auf? ______________________

Wen oder was durchkreuzen die Schiffe? ______________________

Wessen Wellen geben dem Eis eine neue Gestalt? ______________________

Wem geben Wind, Sonne und Wellen eine neue Gestalt? ______________________

Wörtergitter

J	V	E	R	I	R	R	E	N	S	C	H	L	I	T	T	E	N	B
A	V	T	E	I	K	B	A	V	Z	A	T	L	Z	U	I	C	M	K
M	F	S	T	Z	W	N	L	O	Y	V	R	R	Ü	C	K	E	N	L
M	S	R	T	V	E	R	L	A	S	S	E	N	H	U	A	K	I	I
E	G	I	U	L	T	E	I	V	I	R	F	L	F	I	L	H	T	R
R	A	V	N	M	T	N	P	H	Z	W	F	S	T	Ü	C	K	A	R
N	O	N	G	U	E	S	P	N	X	S	E	U	S	L	L	E	R	E
Y	C	E	B	M	B	A	E	K	M	E	N	T	D	E	C	K	E	N
S	T	I	L	L	E	P	N	F	R	S	B	S	D	B	E	K	U	M

1 In dem Gitter sind waagerecht sieben und senkrecht sechs Wörter versteckt. Male sie farbig an.

2 Schreibe die Wörter auf. Beachte die Groß- und Kleinschreibung. Kennzeichne in den Wörtern den kurzen betonten Vokal mit einem Punkt.

____

____

____

____

Im Lager von Robert Scott

Am Morgen hatten die Männer ihre Lasten auf den

____________________ verstaut.

Danach hatten sie das Lager ____________________.

Um sich nicht zu ____________________, benutzten die Männer einen Kompass.

Scott hatte schlecht geschlafen und sein ____________________ tat ihm weh.

Von der Kälte waren seine ____________________ aufgesprungen.

Auch heute lag wieder ein anstrengendes ____________________ Weg vor ihnen.

3 Setze passende Wörter aus dem Wörtergitter in den Text ein.

Zeiten und Räume

Mein Wunschberuf

Ich möchte gern ______________________________ werden.

- ☐ Ich habe viel mit Menschen zu tun.
- ☐ Ich habe viel mit Tieren zu tun.
- ☐ Ich habe mit Maschinen und Technik zu tun.
- ☐ Ich kann im Freien arbeiten.
- ☐ Ich kann im Büro arbeiten.
- ☐ Ich kann etwas herstellen.
- ☐ Ich kann anderen helfen.
- ☐ Ich kann viel reisen.
- ☐ Ich habe viel Freizeit.
- ☐ Ich kann viel verdienen.
- ☐ Ich kann berühmt werden.

1 Kreuze an, was dir an deinem Wunschberuf gefällt.

2 Schreibe auf, was du in dem Beruf tun musst.

Ich werde ______________________________

____

____

____

____

____

3 Was brauchst du, um den Beruf einmal ausüben zu können?

____

____

____

____

Früher

Am ersten Schultag ______________ ich eine große Schultüte.

Ich ______________ mich sehr, denn endlich ______________

ich zu den Schulkindern. Meine Eltern ______________ mich zur Schule.

Papa ______________ eifrig, wie ich stolz meinen neuen Ranzen

______________. Es ______________ ein großes Einschulungsfest.

Dabei ______________ ich auch meine Lehrerin kennen.

Ich ______________ sie gleich nett. Auch der Klassenraum

______________ mir gut. Die meisten Kinder ______________

ich bereits aus dem Kindergarten. Ich ______________ mich neben meine Freundin Alice und hinter meinen Freund Kevin.

setzen | bekommen | kennen | freuen | gefallen | gehören
finden | bringen | lernen | fotografieren | geben | tragen

1 Setze die Verben in der Vergangenheitsform ein.

Heute

… gehe ich mit Kevin und Alice in die 4. Klasse. Ich verstehe mich immer noch sehr gut mit den beiden. Alice holt mich jeden Morgen zur Schule ab und mit Kevin spiele ich Badminton. Wenn ich mit meinen Eltern in den Urlaub fahre, versorgt er auch mein Meerschweinchen.
Frau Bastian unterrichtet uns immer noch und ich finde sie genauso nett wie am ersten Schultag.

2 Unterstreiche im Text alle Verben. Schreibe sie anschließend mit dem Personalpronomen auf. Ergänze zu jedem Verb die Grundform.

ich gehe – gehen, ______________

____

____

____

Pläne für die Zukunft

Ich ______________

Segelfliegen ______________.

Wir ______________

einmal um die ganze Welt

______________.

Du ______________

bestimmt im Fernsehen

______________.

wirst auftreten | werden reisen | werde lernen

1 Ergänze die Sprechblasen der Kinder.

2 Schreibe von dir: Was wirst du einmal tun? (eine unbekannte Höhle erforschen? ein superschnelles Auto fahren? ein berühmter Koch werden? …)

Ich werde ______________

Schwierige Verbformen

sitzen   ließ   gegeben   nehmen   trat   schreiben   gehalten

saß   geben   nahm   getreten   hielt   geschrieben   lassen

gab   halten   schrieb   treten   genommen   gesessen   gelassen

3 Verbinde Verbformen, die zusammengehören, mit einer Linie.

4 Schreibe die Verbformen in dein Heft. Beginne mit der Grundform, schreibe dann die Vergangenheitsform und die dritte Verbform am Schluss.

Das bin ich

In der Schwimmhalle

1 Schreibe eine Geschichte zu den Bildern. Finde einen passenden Schluss.

In der Schule

Subjekt
Laura
die Kinder der Klasse 4 b
die Kinder
Julian
Nina
sie
Anna und Lisa
Karin

Prädikat
geben
helfen
vorsingen
zeigen
erklären
schreiben
begegnen
aufschreiben

Ergänzungen
den Füller ihrer Partnerin
den Kindern der Klasse 1 b
den Eltern einen Kanon
Florian seinen neuen Füller
ihrer Freundin die Hausaufgaben
einen Test
Tom und Toni
ihrer Freundin eine Nachricht

1 Hier sind die Satzbaukästen verschoben. Bilde Sätze und schreibe sie auf.

2 Unterstreiche die Ergänzung im Wem-Fall einmal und im Wen-Fall zweimal.

Wörter mit Dehnungs-h

1 Setze in die Wörter **hl**, **hm**, **hn** oder **hr** ein.
Schreibe die Wörter nach Wortarten geordnet auf.

Nomen: ______________________________

Verben: ______________________________

____

Adjektive: ______________________________

fühlen | mahnen | lehren | wählen | wohnen

erzählen | ehren | nehmen | fahren | mahlen

2 Schreibe jedes Verb mit einem verwandten Nomen auf.
Unterstreiche in den Wörtern den Wortstamm.

____

____

____

____

Natur entdecken: Tiere

Der Grasfrosch

Der Name „Grasfrosch“ deutet darauf hin, dass er sich gern in Wiesen und auf Weiden aufhält. Der Grasfrosch kann ganz unterschiedlich gefärbt sein. Rücken und Kopf können einfarbig grau, graugrün, graubraun, rotbraun bis ocker und hellgrau gefärbt sein. Hellere Frösche haben meistens zusätzlich braune bis schwarze Flecken. Kehle und Bauch sind immer heller, meist weißlich, aber auch gelblich. Weibchen sind für gewöhnlich größer als die Männchen. Grasfrösche bleiben den überwiegenden Teil ihres Lebens in der Nähe ihres Geburtsteiches. Sie bevorzugen tagsüber dichtes Gras, das ihnen bei der Jagd nach Insekten genügend Deckung gibt, aber auch Schutz vor den Sonnenstrahlen. In kühlen Nächten oder bei sehr trockenem Wetter suchen sie oftmals wieder ihr Gewässer auf. Ein Grasfroschweibchen kann je nach Alter bis zu 2 500 Eier ablegen. Doch nur eine geringe Anzahl entwickelt sich zu einem ausgewachsenen Frosch. Der Laich und die geschlüpften Kaulquappen haben viele Feinde: zum Beispiel Schnecken, Libellenlarven, Wasserkäfer, Vögel. Die natürlichen Feinde der erwachsenen Grasfrösche sind Störche, Reiher, manchmal auch Enten und Gänse.

1 Schreibe wichtige Angaben über den Grasfrosch als Steckbrief auf.

Steckbrief über den Grasfrosch

Aussehen:

Lebensraum:

Fortpflanzung:

Feinde:

Vergleichsstufen

Grundstufe	1. Vergleichsstufe	2. Vergleichsstufe
niedrig	niedriger	am niedrigsten

häufig ~~niedrig~~ kräftig schwer eifrig gefährlich kurz wichtig

1 Bilde die Vergleichsstufen und schreibe sie in die Tabelle.

Libellen

Libellen gibt es schon seit mehr als 200 Millionen Jahren.

Ursprünglich waren diese Tiere ______________ *(klein, riesig)*, ihre

Flügel spannten sich bis zu 70 cm. Die heute lebenden Libellen sind deutlich

______________ *(dünn, klein)*. Aber mit bis zu 10 cm Flügelspannweite

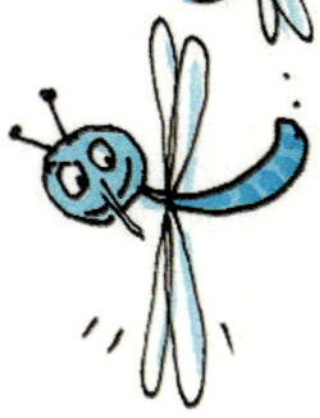

gehören sie immer noch zu den ______________ *(groß, schwach)*

Insekten. Libellen sind nicht nur die ______________ *(gut, dumm)*

Kunstflieger, sondern auch ______________ *(erfolgreich, langsam)*

Insektenjäger. Ihre ______________ *(groß, leuchtend)*, aus vielen

tausend Einzelaugen zusammengesetzten Facettenaugen sind ihre

______________ *(schön, wichtig)* Sinnesorgane.

2 Setze die passenden Adjektive in der richtigen Form ein.

Wörter mit Qu/qu

1 Schreibe die Wörter vollständig auf. Beachte die Groß- und Kleinschreibung.

Rätsel

Beliebtes Ratespiel

Kreuz und …

Ein Kartenspiel

Das machen Frösche.

Sonderform des Rechtecks

Dort entspringt ein Fluss.

Der Sessel ist …

Dieses Rätsel ist …

2 Schreibe die Lösungswörter in das Gitter.

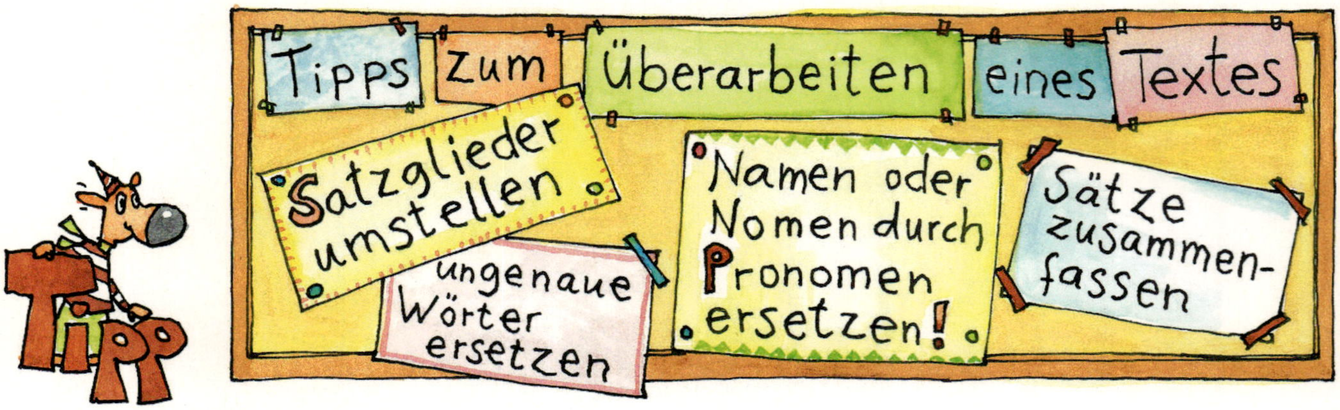

Heute Morgen

Heute Morgen fuhr ich mit dem Rad zur Schule. Ich war spät dran. Es war windig und ich musste ganz schön treten. Ich holte unterwegs noch Osman ab. Der wohnt nicht weit weg. Dann fuhr ich mit ihm weiter. Wir mussten an der Ampel anhalten. Ich kam gerade noch rechtzeitig zur Schule. Ich schloss schnell mein Rad ab. Ich und Osman rannten die Treppen hoch. Gerade als ich die Tür vom Klassenzimmer aufmachte, klingelte es. Ich war froh, dass ich und Osman keinen Ärger bekamen.

1 Schreibe den Text auf und versuche, die Wiederholungen zu vermeiden.

Ein neues Fahrrad

„Papa, ich brauche ein neues Fahrrad“, sagt Max, „mein altes ist mir zu klein geworden.“
„Ich weiß nicht so recht, das ist ein ganz schön teurer Wunsch“, meint der Vater.
„Das stimmt schon, aber mit dem alten Rad kann ich wirklich nicht mehr fahren“, antwortet Max.
„Da muss ich erst noch nachdenken“, entgegnet der Vater, „das will ich nicht gleich entscheiden.“
„Ich habe ja auch noch etwas Geld gespart“, wirft Max ein, „das könnte ich dazuzahlen.“
„Na, gut, dann sollten wir mal im Fahrradgeschäft vorbeischauen“, erwidert der Vater.
„Au ja, Papa, können wir gleich gehen?“, fragt Max ungeduldig.

1 Stelle die Sätze so um, dass der Begleitsatz vor der wörtlichen Rede steht.

Max sagt: „Papa, ich brauche ein neues Fahrrad, mein altes ist mir zu klein geworden.“

Langes oder kurzes i?

Maschine	probieren	ihnen	niemals	mild	zittern
Wind	Tiger	Unterschied	Igel	schließen	Gesicht
beginnen	dienen	bitter	Biss	dicht	Dienstag
Mittag	Blitz	Film	Biene	Hitze	Apfelsine

1 Sprich die Wörter langsam und deutlich.
Kennzeichne ein kurzes **i** mit einem Punkt und ein langes **i** mit einem Strich.

2 Ordne die Wörter in die Tabelle.

kurzes i	**langes i**

i, ie oder ih?

Am letzten D___nstag war r___chtiges Apr___lwetter. Als ___ch aufstand, sch___n die Sonne. Aber dann zogen rasch v___le Wolken über den H___mmel und schon bald konnte man ___n n___cht mehr sehen. Auf dem Schulweg f___ng es an zu regnen. Zum Glück wurde ___ch n___cht so nass. In der Pause hörte der Regen auf. D___ Wolken r___ssen auf und der blaue Himmel war w___der zu sehen. Was das Wetter anbelangt, st___mmt es schon: Apr___l, Apr___l, der macht, was er w___ll!

3 Setze die fehlenden Buchstaben ein. Kontrolliere mit dem Wörterbuch.

4 Schreibe den Text in dein Heft.

Vorhang auf!

Aus einem Text ein Drehbuch machen

… „Weißt du was, Fräulein“, sagte Pippi, „ich glaube nicht, dass ich mir viel daraus mache, weiter in die Schule zu gehen. Ich hoffe, Fräulein, dass du deswegen nicht traurig bist.“ Aber da antwortete die Lehrerin, dass sie sehr traurig wäre, vor allen Dingen deswegen, weil Pippi nicht versuchen wolle, sich ordentlich zu benehmen, und dass kein Mädchen, das sich wie Pippi aufführe, in die Schule gehen dürfe, wenn sie auch noch so gern möchte. „Hab ich mich schlecht benommen?“, fragte Pippi ganz erstaunt. „Ja aber, das wusste ich selbst nicht“, sagte sie und sah ganz betrübt aus. „Du musst verstehen, Fräulein, wenn man eine Mutter hat, die ein Engel ist, und einen Vater, der König in Afrika ist, so weiß man nicht, wie man sich in der Schule zwischen all den Äpfeln und Igeln benehmen soll.“ Da sagte die Lehrerin, dass sie das verstehe und dass sie nicht mehr böse auf Pippi wäre und dass Pippi vielleicht wieder in die Schule kommen könne, wenn sie etwas älter wäre. Und da antwortete Pippi freudestrahlend: „Ich finde, du bist furchtbar nett, Fräulein, und hier geb ich dir was!“ Und sie zog eine kleine, feine goldene Uhr aus der Tasche, die sie auf das Katheder legte. Die Lehrerin sagte, sie könne eine so kostbare Sache nicht annehmen, aber da sagte Pippi: „Du musst! Sonst komme ich morgen wieder, und das würde ein feiner Spektakel werden!“ Dann stürmte sie auf den Schulhof hinaus und sprang mit einem Satz auf das Pferd.

Astrid Lindgren

1 Was sagt die Lehrerin?
Übertrage die rot gedruckten Textteile in wörtliche Rede.

Pippi: „Weißt du was, Fräulein, ich glaube nicht, dass ich mir viel daraus mache, weiter in die Schule zu gehen. Ich hoffe, Fräulein, dass du deswegen nicht traurig bist.“

Lehrerin: ______________________________

____

____

Pippi: „Hab ich mich schlecht benommen? Ja aber, das wusste ich selbst nicht. Du musst verstehen, Fräulein, wenn man eine Mutter hat, die ein Engel ist, und einen Vater, der König in Afrika ist, so weiß man nicht, wie man sich in der Schule zwischen all den Äpfeln und Igeln benehmen soll.“

Lehrerin: ______________________________

____

____

Pippi: „Ich finde, du bist furchtbar nett, Fräulein, und hier geb ich dir was!“

Lehrerin: ______________________________

Mit dem Körper sprechen

Thorsten:
Das ist mir auch schon mal passiert. Ich wartete im Büro auf meinen Vater und der kam und kam nicht. Bestimmt sah ich ähnlich aus auf meinem Stuhl. Ich gähnte und gähnte und wenn mein Vater nicht endlich gekommen wäre, wäre ich eingeschlafen.

1 Wähle eine Figur aus und beschreibe die Situation, die sie erlebt.

2 Denke dir selbst eine Figur aus und beschreibe, was sie erleben könnte.

www.freizeit

Baukästen für Werbesprüche

Produktname			
Ketschup	Chips	Cola	Handy
Vollkornbrot	Cornflakes	Jeans	
Computer	Joghurt	Gummibärchen	
…			

Verben			
verbinden	schmecken	knuspern	
zischen	rufen	klingeln	genießen
verputzen	naschen	sitzen	genießen

Adjektive			
süß	lecker	knusprig	frisch
praktisch	kross	super	genial
fruchtig	neugierig	cool	gesund
…			

1 Wähle aus jedem Baukasten Wörter aus und erfinde Werbesprüche.
Zum Beispiel: *Chips müssen kross sein, sonst kann man sie nicht richtig genießen.*
Du kannst dir auch selbst Produktnamen, Verben und Adjektive überlegen und Werbesprüche erfinden.

Adjektive mit Wortbausteinen

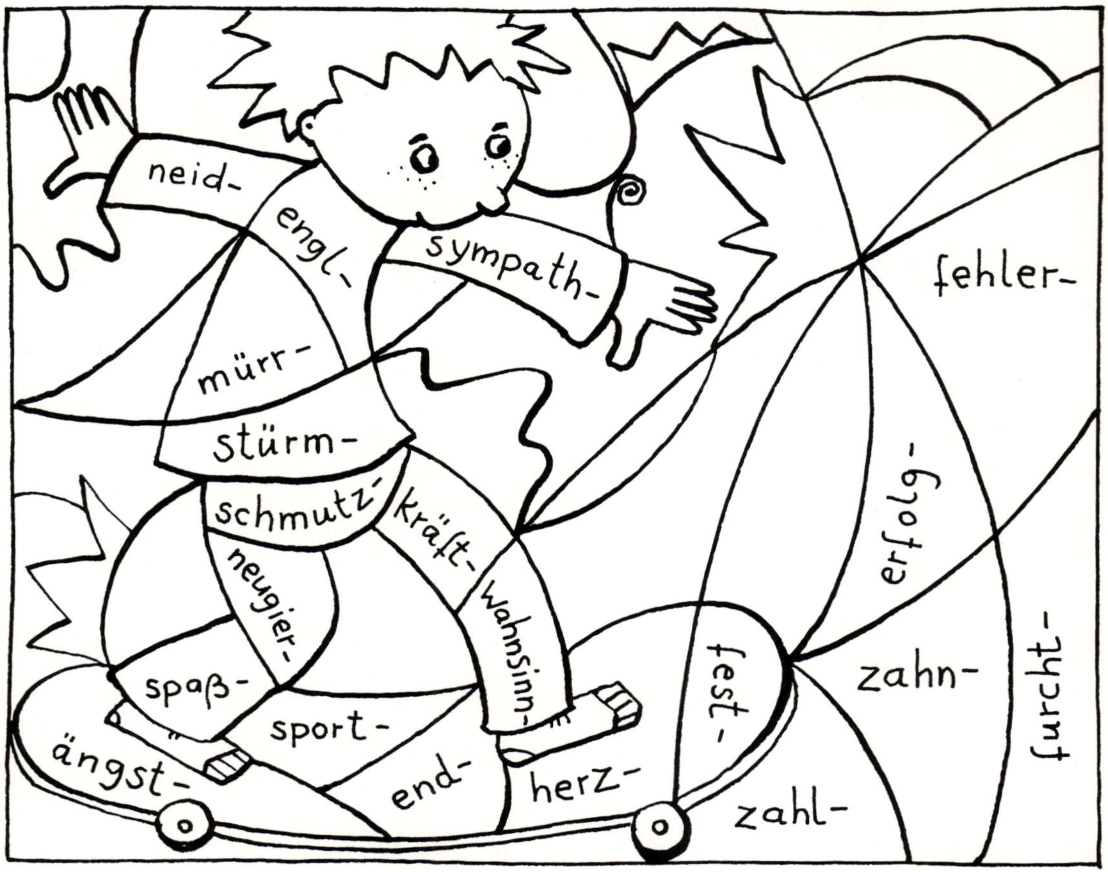

1 Hier verstecken sich Adjektive mit **-ig**, **-lich**, **-isch** und **-los**.
So kannst du sie finden:
Male die Felder rot an, wenn ein Adjektiv mit **-ig** darin steht,
grün, wenn ein Adjektiv mit **-isch** darin steht,
gelb, wenn ein Adjektiv mit **-lich** darin steht,
blau, wenn ein Adjektiv mit **-los** darin steht.

2 Schreibe die Adjektive auf. Unterstreiche die Wortbausteine, wie in Aufgabe 1 angegeben.

Rätsel für Könner

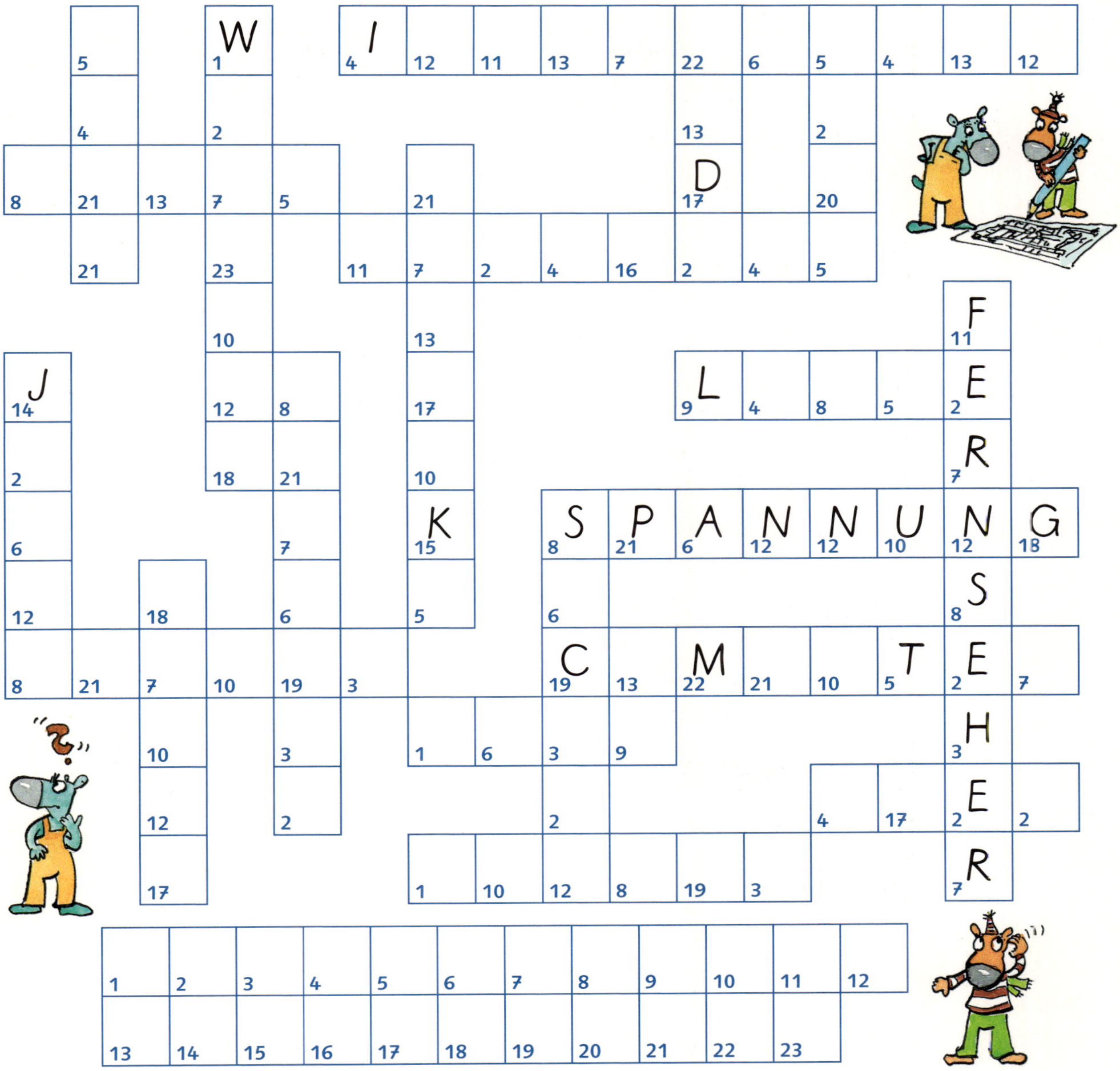

1 Ersetze in jedem Kästchen des Rätsels die Zahl durch einen Buchstaben.
Vier Buchstaben musst du selbst rauskriegen.
Trage die Buchstaben aus dem Rätsel in die leeren Kästchen ein.

2 Schreibe die 20 Nomen aus dem Rätsel mit ihrem bestimmten Artikel auf.

Weißt du noch?

… schon in der 1. Klasse hast du neben mir gesessen …

… als ich bei der Theateraufführung meinen Text vergessen hatte und du mir vorgesagt hast …

… als wir uns bei der Nachtwanderung ganz fest an den Händen hielten, weil es so schrecklich dunkel und unheimlich war …

1 Welches Erlebnis aus deiner Schulzeit ist dir besonders gut in Erinnerung geblieben? Schreibe einen Brief an deine Freundin oder deinen Freund und erzähle es.

Datum

Liebe

Gruß

Überraschungssätze

Clown Ferdinand	kauft	bunte Luftballons
Onkel Otto	sammelt	Kätzchen
Mein Hund Tarzan	versteckt	Gummibärchen
Meine Lehrerin	liebt	viele Bücher
Der Hausmeister	füttert	den Tiger Luis
Die kleine Maus	streichelt	Kochrezepte

1 Würfle dreimal und baue Überraschungssätze. Schreibe sechs Sätze auf.

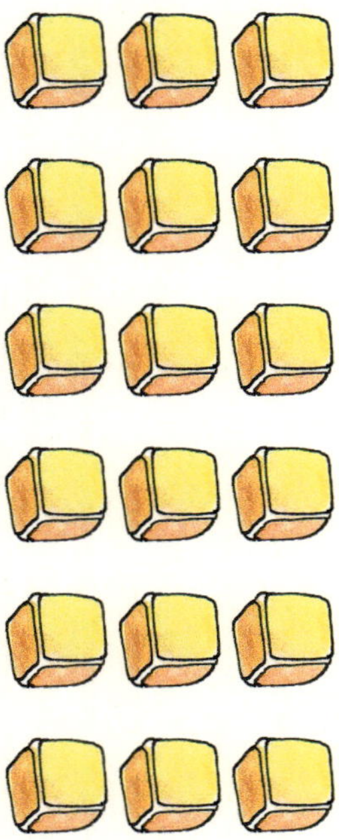

Endspurt für die Abschlusszeitung

Die Redaktionsgruppe wählt die besten Fotos und Zeichnungen aus.
Katalina schreibt noch schnell den Theaterbericht.
Johannes liest Frau Rahm seine Geschichte vor.
Conny und Micha korrigieren die fertigen Textentwürfe am Computer.
Sara bittet Julian sein Gedicht abzugeben.
Stefan stellt die Überschriften zusammen. Romy hilft ihm.

2 Frage nach den Ergänzungen. Unterstreiche die Ergänzung im Wem-Fall einmal und die Ergänzung im Wen-Fall zweimal.

ck oder k?

glü lich	Schau el	wir en	wel en	pün tlich
Pä chen	Pa et	Bir e	Bal en	sin en
zurü	verha en	Wer zeug	Wol e	Geträn
Schre	e lig	Par platz	Vol	den en
bü en	qua en	star	Nel e	kran

1 Sprich die Wörter laut und überlege, ob du **ck** oder **k** einsetzen musst. Gib jeder Spalte eine Überschrift.

2 Ergänze die fehlenden Buchstaben und kontrolliere mit dem Wörterbuch.

Das muss ich mir gut merken!

1. Nach einem kurzen Vokal schreibt man ____.
2. Nach **l**, **n**, **r** steht nur ____.
3. Nach langen Vokalen und Zwielauten (Doppellauten) steht ____.

tz oder z?

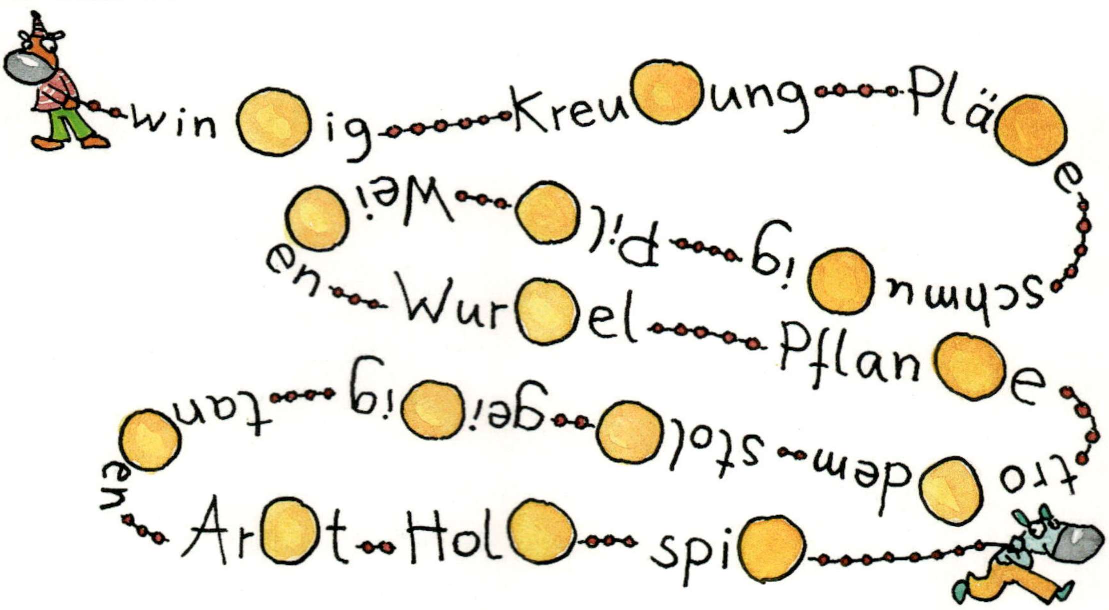

3 Entscheide, ob du **tz** oder **z** einsetzen musst. Was für die Schreibweise von Wörtern mit **ck** und **k** gilt, trifft auch hier zu.

4 Übe die Wörter aus den Aufgaben 1 und 2 als Partnerdiktat.

Das Feuer

Hörst du, wie die Flammen flüstern,
Knicken, knacken, krachen, ________,
Wie das Feuer rauscht und saust,
Brodelt, brutzelt, brennt und ________?

Siehst du, wie die Flammen ________,
Züngeln und die Zunge blecken,
Wie das Feuer tanzt und ________,
Trockne Hölzer schlingt und schluckt?

Riechst du, wie die Flammen rauchen,
Brenzlig, brutzlig, brandig ________,
Wie das Feuer, rot und ________,
Duftet, schmeckt nach Pech und Harz?

Fühlst du, wie die Flammen schwärmen,
Glut aushauchen, wohlig ________,
Wie das Feuer ________,
Dich in warme Wellen hüllt?

Hörst du, wie es leiser ________?
Siehst du, wie es matter flackt?
Riechst du, wie der Rauch ________?
Fühlst du, wie die Wärme flieht?

Kleiner wird der Feuersbraus:
Ein letztes Knistern,
Ein feines ________,
Ein schwaches ________,
Ein dünnes Ringeln –
Aus.

James Krüss

knistern | verzieht | schmauchen | schwarz | Flüstern | zuckt

braust | Züngeln | knackt | flackrig-wild | wärmen | lecken

1 Das Feuer hat Wörter weggebrannt. Setze sie wieder ein.
Übe das Gedicht ausdrucksvoll vorzutragen.

2 Schreibe alle Verben aus dem Gedicht, bei denen man das Feuer hören kann.

____

____

Streichhölzer

kamen | die ersten Streichhölzer | auf | um 1800

wurden | bei uns | Schwefelhölzer | genannt | sie

noch sehr gefährlich | am Anfang | waren | sie

sie | entzündeten sich | leicht | von selbst | in der Wohnung

kann | man | seit 1850 | Streichhölzer | auch an der Reibfläche | entzünden

sicherer | sind | seither | Streichhölzer | im Haushalt

diese Erfindung | gemacht | in Schweden | wurde

daher | sie | wurden | in Deutschland | genannt | auch | Schwedenhölzchen

1 Schreibe die Sätze geordnet auf und setze die Satzschlusszeichen.

2 Unterstreiche die Ortsangaben gelb und die Zeitangaben mit Bleistift.

Wörter mit eu und äu

H ___ te Morgen wurde die F ___ erwehr zu einem der Reihenh ___ ser in der Rosenstraße gerufen. Aus einem offenen Fenster drang dichter Rauch. „Da ist niemand zu Hause, die machen gerade Eink ___ fe!", rief eine aufgeregte Nachbarin. Die F ___ erwehrl ___ te rollten ihre Schl ___ che aus. Zwei F ___ erwehrmänner drangen mit Atemmasken in das Haus ein. Im Backofen stand ein völlig verkohlter Kuchen. Die Bewohner hatten es vers ___ mt, den Ofen abzuschalten. „Zum Glück ist niemand verletzt", meinte der F ___ erwehrkommandant, „aber die Küche werden die L ___ te wohl n ___ streichen müssen."

1 Setze **eu** oder **äu** richtig ein.
Überlege vorher: Gibt es ein verwandtes Wort mit **au**?

2 Schreibe die Wörter nach **eu** und **äu** geordnet auf.
Ergänze bei Wörtern mit **äu** ein verwandtes Wort mit **au**.

eu: ______________________________

____

____

äu: ______________________________

____

____

3 Schreibe den Text in dein Heft.

Ich liebe Bücher

Einen Klappentext schreiben

Marie hat für „Die wilden Hühner und das Glück der Erde“ einen Klappentext geschrieben.

Bist du ein Pferdenarr oder eine Pferdenärrin?
Träumst du von Ferien auf einem Reiterhof?
Dann würdest du bestimmt gern mit Sprotte tauschen.
Sie soll nämlich ihre Ferien dort verbringen.
Leider macht sie sich gar nichts aus Pferden.
Aber da sind ja noch ihre Freundinnen, die „Wilden Hühner“.
Sie kommen natürlich mit.
Da kann ja nichts schief gehen …

1 Schreibe für ein Buch deiner Wahl einen kurzen Klappentext.
Der Text soll neugierig machen auf das Buch und sollte nicht zu viel von der Geschichte verraten.

Meine Buchempfehlung

✂ Wenn du Vorder- und Rückseite dieser Karte ausgefüllt hast, kannst du sie ausschneiden und in eurem Leseordner abheften.

Titel: ______________________

Autor/Autorin: ______________________

Illustration: ______________________

Verlag: ______________________

Seiten: ______________________

Preis: ______________________

So habe ich das Buch kennen gelernt:

- [ ] in der Bibliothek
- [ ] als Film
- [ ] als Geschenk
- [ ] in der Buchhandlung
- [ ] Ich kenne den Autor/die Autorin von anderen Büchern.
- [ ] durch Empfehlung von: ______________________

____

Das Buch wird vorgeschlagen von: ______________________

Kurze Beschreibung des Inhalts: ______________________

____

____

____

____

____

____

____

Meine Buchempfehlung

Warum ich dieses Buch empfehle:

Eine schöne Textstelle aus meinem Buchvorschlag:

1. Jo-Jo-Seite

Die Göttin Seschat

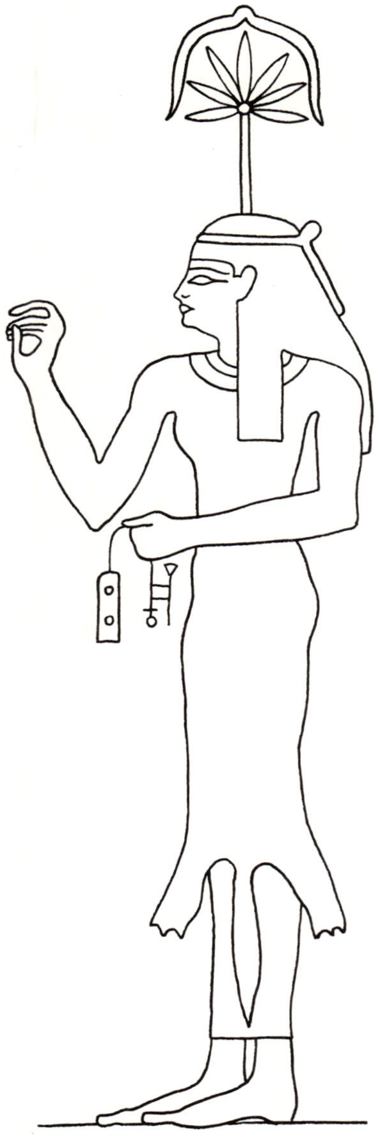

Die alten Ägypter verehrten viele Göttinnen und Götter. So gab es auch eine Göttin der Schreibkunst und des Rechnens. Ihr Name war Seschat.
Seschat hatte ein Leopardenfell über dem üblichen engen Gewand der Göttinnen an.
Ihr Halsschmuck bestand aus zwei verschiedenfarbigen Ketten. Auf dem Kopf trug sie einen siebenstrahligen Stern, der einer grünen Palmrispe ähnelte, mit einem hellblauen Bogen darüber.
Ihre Haare waren schwarz und wurden von einem roten Band gehalten. In der Hand hielt sie meist einen braunen Schreibstift und eine Palette.
An den Füßen trug sie Sandalen. Wenn ein König neu gekrönt wurde, schrieb sie die Regierungsjahre auf. In ihrer Funktion als Göttin des Schreibens notierte sie alles, was in Listen erfasst wurde, wie zum Beispiel Abgaben, Kriegsgefangene, Schreiber und anderes.

1 Zeichne das Bild von der Göttin Seschat mit Hilfe des Textes fertig. — **Punkte 9 |**

2 Schreibe aus dem Text ab, welche Aufgaben Seschat hatte. — **Punkte 4 |**

2. Jo-Jo-Seite

schwierig | trennen | frech | steigen | krank | ernähren | ähnlich

klug | ehrlich | häufig | lenken | offen | tapfer | forschen | dunkel

1 Bilde mit Hilfe der Wortbausteine **-ung**, **-heit** und **-keit** Nomen. Schreibe die Nomen mit dem bestimmten Artikel auf.

Punkte **15** |

Nomen mit -ung	Nomen mit -heit	Nomen mit -keit

2 Welche Wortart bildet Nomen auf **-ung** und welche auf **-heit** oder **-keit**? Ergänze den Satz.

Punkte **2** |

__________ bilden Nomen auf **-ung** und __________ auf **-heit** oder **-keit**.

erleben | wild | zeugen

verzeihen | erlauben | ergeben

-nis

3 Bilde Nomen auf **-nis** und schreibe sie mit dem bestimmten Artikel auf. Achtung: Ein Kuckucksei ist versteckt.

Punkte **5** |

zerlaufen	zerbrechen	zerschreiben	zerstechen	zerstören
erschreiben	erscheinen	erkälten	errechnen	ergeben
verlaufen	verstehen	verlassen	vergeben	vereignen
entstehen	entsingen	entlassen	entwickeln	entfernen
bestehen	befahren	beschreiben	beessen	behalten

4 In jeder Reihe ist ein Verb versteckt, das es nicht gibt. Streiche es durch.

Punkte **5** |

3. Jo-Jo-Seite

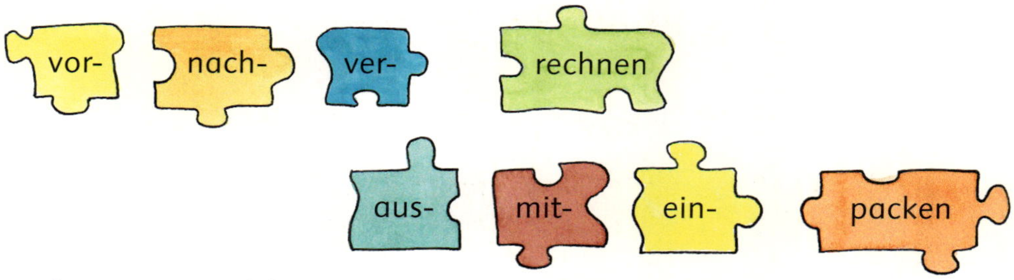

1 Probiere aus, welche Wortbausteine du mit den Verben zusammensetzen kannst. Schreibe die neuen Verben auf.

Punkte 8 |

____

____

____

Enttäuscht ____________ sich Thea von ihrer Freundin ______.

Paul ____________ beim Üben die Verlängerungsregel ______.

Julius und Lisa ________________ Hefte aus Umweltschutzpapier.

Ein Dieb hat meinem Vater die Brieftasche ________________.

„Wenn niemand mehr etwas ________________ will, sollten wir die Diskussion beenden und zur Abstimmung kommen."

anwenden | einwenden | entwenden | verwenden | abwenden

2 Setze die Verben richtig ein.

Punkte 5 |

e oder ä?

er verschl_ft er kl_ttert es w_chst sie tr_gt sie gr_bt

die Z_hne das F_nster kl_ben die N_he schl_frig

3 Ergänze die fehlenden Buchstaben.

4 Finde zu jedem Wort mit **ä** ein verwandtes Wort mit **a**. Schreibe die Wortpaare auf.

Punkte 10 | 14 |

____

____

____

4. Jo-Jo-Seite

Von der Fee, die Feuer speien konnte

☐ In diesem Wald fiel niemals Schnee, weil ihn eine Fee bewohnte, die Anna Susanna Lachdochmal hieß. Diese Fee war so lustig und luftig und duftig und hatte so rosige Sommersprossen und trug ein so wehendes maigrünes Kleid, dass jedem, der sie nur ansah, ganz warm ums Herz wurde.

☐ Es war einmal ein Wald, in dem es niemals schneite. Dieser Wald lag nicht im glühenden Afrika und auch nicht im heißen Indien, er lag gar nicht weit weg von der Stadt Berlin zwischen Sachsen und Mecklenburg. Heute lebt kein Baum dieses Waldes mehr, aber einige Ururururenkel der Dachse, die damals dort gesiedelt haben, sind heute genauso alt wie ihr.

☐ Eines Tages kam der Winterkönig, nach dem Rechten zu schauen. „Was soll denn das?“, fragte er verwundert. „Ringsum liegt tiefer, tiefer Schnee, wie es sich für einen Winterwald ziemt, und hier brummen die Hummeln und duften die Veilchen! Das ist ja eine verkehrte Welt!“

☐ So geschah es auch den Wolken voll Schnee. Wenn sie vom Norden gezogen kamen, wo der Winterkönig in seinem Schloss aus Eis wohnt, flog Anna Susanna zu ihnen hoch, kitzelte sie an den Raureifbacken und sagte: „Guckt nicht so grimmig, lacht doch mal!“ Da wurde den Wolken ganz warm ums Herz und ihr Schnee fiel als milder Regen nieder.

☐ Da kam auch schon Anna Susanna geweht und kraulte dem König den Eiszapfenbart und rief: „Guck nicht so grimmig, lach doch mal!“

☐ „Ich werd dir was pusten!“, sagte der Winterkönig. „Du bist ein unglaublich freches Ding. Ich dulde nicht, dass du in mein Reich so ein Loch voll ewigem Sommer machst ... Ich werd dir schon zeigen, wer winters hier Herr ist!“

Franz Fühmann

1 Nummeriere die Textabschnitte in der richtigen Reihenfolge.

Punkte 6

2 Suche zu jedem Bild den richtigen Textabschnitt und schreibe die Nummer dazu.

Punkte 3

Zu den Sprachbuchkapiteln 4–6
einen Text in die richtige Reihenfolge bringen;
Bildern die richtigen Textabschnitte zuordnen

5. Jo-Jo-Seite

Forschen im ewigen Eis

Lange vermuteten die Menschen, dass ganz im Norden der Erde die Welt zu Ende wäre. Die Schiffe der Seeleute mussten immer wieder umkehren. Sie drohten im Eis stecken zu bleiben. Erst vor etwa 100 Jahren erreichten die ersten Abenteurer den Nordpol und den Südpol. Sie entdeckten damit die kältesten Gebiete der Erde. Und was so erstaunlich war: Sie trafen auf Menschen und Tiere, die dort lebten. Den Pinguinen und Eisbären kann es zum Beispiel nicht kalt genug sein. Aber besuchen können sie sich nur im Zoo. Denn die Eisbären leben nahe dem Nordpol und die Pinguine rund um den Südpol. Die Pinguine müssten um die halbe Welt wandern, wenn sie die Eisbären einmal in der Natur treffen wollten.

Wer oder was sollte ganz im Norden zu Ende sein? ______________________

Wessen Schiffe mussten immer wieder umkehren? ______________________

Wen oder was erreichten vor 100 Jahren erste Abenteurer? ______________________

Wen oder was entdeckten sie damit? ______________________

Wem kann es nicht kalt genug sein? ______________________

Wer oder was lebt nahe am Nordpol? ______________________

Wer oder was muss um die halbe Welt wandern? ______________________

1 Schreibe als Antwort auf die Fragen nur das Nomen mit seinem Artikel auf.

Punkte
7 |

der Nor en   das En e   kal   le haft   die Hal zeit   der Eisber

en en   nör lich   le ten   das Gebir e   hal   erkäl en

en los   verber en   der Nor pol   die Käl e   hal ieren   das Le en

Punkte
18 |

2 Ergänze die fehlenden Buchstaben.

3 Unterstreiche bei den Wörtern von Aufgabe 2 jede Wortfamilie mit einer anderen Farbe.

Punkte
6 |

6. Jo-Jo-Seite

Waldameisen

Ameisen zählen weltweit zu den häufigsten Tieren. Viele Arten bilden hoch entwickelte Staaten. Waldameisen stehen unter Naturschutz. Sie leben in großen Ameisenhügeln aus Tannennadeln und Zweigchen. Die Arbeiterinnen pflegen die Brut und die Königin. Sie bauen und reparieren die Burg und bewachen die Eingänge. Sie ziehen auch auf duftmarkierten Straßen zur Nahrungssuche aus. Ihr Jagdgebiet erstreckt sich bis in die Baumkronen. Sie vertilgen viele Schädlinge. Förster schätzen die Ameisen sehr und bezeichnen sie als Polizei des Waldes. An manchen Sommertagen drängen plötzlich geflügelte Königinnen und Männchen aus dem Nest. Sie starten dann zum Hochzeitsflug.

Punkte

1 Unterstreiche in jedem Satz das Subjekt blau. **12 |**

2 Unterstreiche das Prädikat rot. **15 |**

Ameisen zählen weltweit zu den häufigsten Tieren.

3 Stelle die Satzglieder so um, dass wieder ein Aussagesatz entsteht. Schreibe alle Möglichkeiten auf, die du findest. **Punkte 3 |**

die Ta ___ e	die Karto ___ el	besti ___ en
begi ___ en	pfei ___ en	der Hi ___ el
mei ___ en	ö ___ nen	der Sta ___
eri ___ ern	ho ___ entlich	nie ___ als
dü ___	scha ___ en	schli ___

4 In jeder Reihe fehlen bestimmte doppelte Konsonanten. Fülle die Lücken und schreibe die Wörter auf. Achtung: In jeder Reihe steht ein Kuckucksei. **Punkte 12 |**

7. Jo-Jo-Seite

Der Traum vom Leben im Weltraum

Viele Jahrhunderte lang schien der Weltraum den Menschen unerreichbar fern. Aber 1961 war es so weit: Der russische Kosmonaut Juri Gagarin flog als erster Mensch ins All. 1969 verließ dann der Amerikaner Neil Armstrong als Erster die Mondfähre und betrat gemeinsam mit Edwin Aldrin den Mond. Heute arbeiten in der Raumfahrt Forscher vieler Nationen zusammen, zum Beispiel beim Bau der internationalen Raumstation ISS. Sie entwerfen und konstruieren für die künftigen Forschungsteams auf der Station Instrumente für Experimente und Beobachtungen. Die ISS bietet in ihrem Innenraum so viel Platz wie ein 747-Jumbo-Jet. Die Astronauten werden darin schlafen und arbeiten. Die Reise ins All werden sie in Etappen durchführen. Mit einem Raumschiff werden sie zur ersten Raumstation fliegen, dann zu einer nächsten, bis zu ihrem endgültigen Ziel. Möglicherweise werden irgendwann auch einmal Touristen gegen viel Geld eine Raumstation besuchen.

1 In dem Text treten die Verben in verschiedenen Zeitformen auf. Unterstreiche Verbformen in der Gegenwart blau, in der Vergangenheit grün, in der Zukunft rot.

Punkte 14 |

der Forscher | der Entdecker | der Fahrer | der Pfleger

der Astronaut | der Pilot | der Lehrer | der Musiker

2 Schreibe für jede Berufsbezeichnung die weibliche Form in der Einzahl und Mehrzahl auf.

Punkte 16 |

Qu oder qu?

___er ___elle ___ark ___etschen ___atsch ___iz

Kaul___appe ___alle ___aken ___ietschen ___ittung

___almen be___em ___älen ___artett

3 Setze **Qu** oder **qu** richtig ein.

Punkte 15 |

8. Jo-Jo-Seite

Wandertag

die Klasse 4 b | einen Ausflug | mit den Eltern | macht

den Bus | Tanias Vater | fährt

ihm | den Weg | zeigt | Herr Müller

John | einen schweren Rucksack | schleppt

Tania und Büsra | die Verbandstasche | geben | Frau Klausen

Torsten | zeigt | seinen Fotoapparat | Luca

Sandro | Schokoriegel | verteilt

schenkt | Uli | seinen Riegel | Selim

1 Bilde mit den Satzgliedern Sätze und schreibe sie auf. Beginne jeden Satz mit dem Subjekt.

Punkte 8 |

2 Unterstreiche in deinen Sätzen Subjekte blau, Prädikate rot, Ergänzungen im Wem-Fall einmal und Wen-Fall zweimal.

Punkte 29 |

W oh nung K ___ ler N ___ rstoffe l ___ rreich n ___ rhaft

k ___ len ern ___ ren l ___ ren w ___ nen K ___ lschrank

N ___ rung w ___ nlich L ___ rerin k ___ l W ___ nhaus

3 Hier stehen vier Wortfamilien. Setze die fehlenden Buchstaben ein.

Punkte 15 |

4 Unterstreiche jede Wortfamilie mit einer Farbe.

4 |

Zu den Sprachbuchkapiteln 7–9
verwürfelte Sätze ordnen und Satzglieder bestimmen;
Wörter mit Dehnungs-h nach Wortfamilien ordnen

9. Jo-Jo-Seite

ss oder ß?

abgeschlo ___ en das Schlo ___ schlie ___ lich der Verschlu ___

verschlo ___ en das Schlü ___ elloch schlie ___ en verschlie ___ bar

der Schlü ___ el aufschlie ___ en

1 Setze **ss** oder **ß** richtig ein. **Punkte 10 |**

Müde kommt Timo vom Ausflug zurück. Im Rucksack sucht er seinen ______________. Aber vergebens. Er hat den ______________ verloren. Nun kann er das ______________ der Haustür nicht öffnen. Er läuft ums Haus herum und probiert an allen Fenstern und Türen, ob sie ______________ sind. Aber keine Chance: Alles ist fest ______________.
______________ klingelt Timo bei der Nachbarin. Ein Glück! Sie hat einen ______________. Timo kann ______________ und ist endlich zu Hause.

2 Setze passende Wörter aus Aufgabe 1 in den Text ein. **Punkte 8 |**

faul lustiger am stärksten weiter schnell am breitesten langsamer gut

3 Ordne die Vergleichsstufen in die richtige Spalte ein.
Ergänze die fehlenden Formen. **Punkte 24 |**

Grundstufe	1. Vergleichsstufe	2. Vergleichsstufe

10. Jo-Jo-Seite 

Thomas und Annika überreden Pippi in die Schule zu gehen.

______________ Wenn du wüsstest, wie lustig es in der Schule zugeht.

______________ Man braucht nur bis zwei Uhr dazubleiben.
Das ist wirklich nicht lange.

______________ Und dann erst die Ferien!
Man bekommt Weihnachtsferien und ganz lange Sommerferien.

______________ Die Pausen sind überhaupt das Tollste.
Dann kann man spielen.

______________ Das ist ungerecht!

Was denn ______________.

Ihr bekommt Ferien und ich nicht.
Das lasse ich mir nicht gefallen ______________.

sagen | fragen | ergänzen | schimpfen | beteuern | fortfahren | erklären

5 x : 5 x „ “ 1 x „?“ 1 x „!“ 2 x ,

1 Wer sagt was? Schreibe zu den Sätzen der wörtlichen Rede jeweils einen Begleitsatz. Verwende dabei die vorgegebenen Verben und ergänze die fehlenden Satzzeichen.

Punkte
14 |

meinen	☐	ändern	☐	brüllen	☐
überreden	☐	sich beschweren	☐	umräumen	☐
stolpern	☐	schreien	☐	flüstern	☐
pflanzen	☐	maulen	☐	kochen	☐

2 Kreuze die Wörter an, die zum Wortfeld **sagen** gehören.

Punkte
7 |

Zu den Sprachbuchkapiteln 10–12
Zeichen der wörtlichen Rede bei voran- und nachgestelltem Begleitsatz richtig einsetzen;
Wörter aus dem Wortfeld „sagen“ erkennen

11. Jo-Jo-Seite

Gesicht | Fieber | schlimm | liegen | Tiger | Wind

Papier | Dienstag | Bier | Bild | niemand | wir

Liste | Tinte | Fibel | Riese | gierig | Igel | Kino

niedlich | Juni | Bibel | Birke | Biene | Gardine

1 Übermale alle Wörter mit langem **i** farbig.

Punkte 18 |

richt ____ brenn ____ regner ____ namen ____

nütz ____ gefähr ____ neugier ____ streit ____

fantast ____ sonder ____ kom ____ schäd ____

wolken ____ himml ____ lust ____ sorg ____

-ig **-lich** **-isch** **-bar** **-los**

2 Bilde mit Hilfe der Wortbausteine Adjektive.

Punkte 16 |

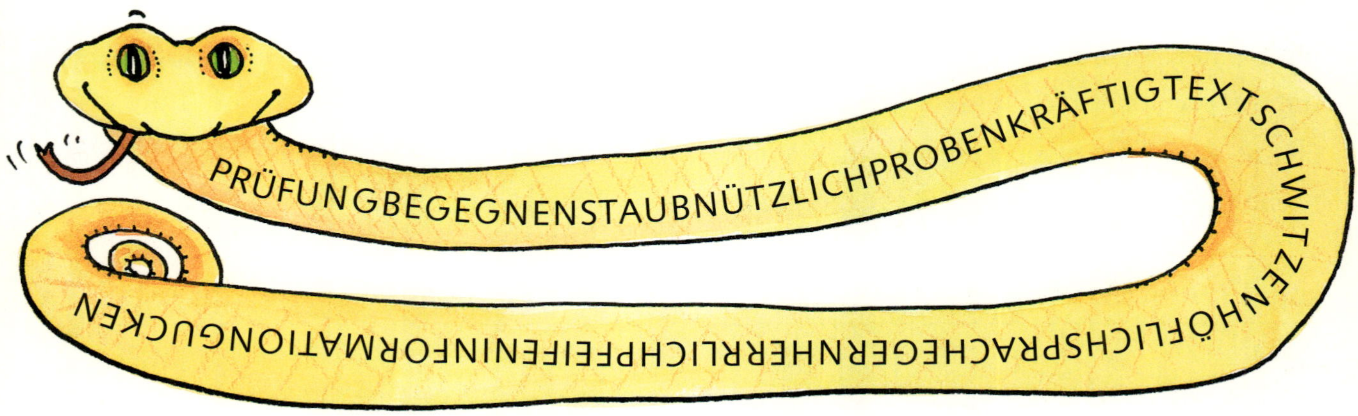

3 Zeichne Trennstriche zwischen die Wörter.
Schreibe die Wörter nach Wortarten geordnet auf.

Punkte 15 |

Nomen: ______________________________

____

Verben: ______________________________

____

Adjektive: ______________________________

____

12. Jo-Jo-Seite

Früher und heute

Heute tragen Kinder am liebsten bunte T-Shirts und Jeans.	Schon im Altertum nutzten die Menschen Tiere als Beförderungsmittel.
Esel, Maultiere, Pferde, Ochsen, Kamele, ja sogar Elefanten trugen schwere Lasten oder wurden von den Menschen geritten.	Das war aber nicht immer so: Früher waren sie oft wie kleine Erwachsene gekleidet, die Jungen mit einem Anzug, die Mädchen mit einem feinen Kleid.
In der Antike wurden Wagenrennen veranstaltet und im Krieg zogen Pferde die Kampfwagen.	Das aber nur an Sonntagen und wenn sie mit den Eltern ausgingen.
Im Alltag trugen sie eher praktische Kleidung: Die Mädchen ein einfaches Kleid mit einer Schürze, die Jungen kurze oder lange Hosen und ein Hemd.	Seit der Erfindung des Verbrennungsmotors 1885 wurden die Tiere nach und nach durch Maschinen ersetzt.
Das war aber auch sinnvoll, denn die meisten Kinder mussten zu Hause mithelfen.	Nur die Kinder reicher Leute konnten sich aufwändige und teure Kleidung erlauben. Für sie gab es auch früher eine Art „Kindermode“.
Aber noch vor etwa 50 Jahren konnte man überall auf dem Land Ochsen- und Pferdegespanne sehen und fast jeder Bauernhof hatte einen Stall, in dem die Zugtiere untergebracht waren.	So trugen vor etwa 200 Jahren männliche Kinder bis zum Alter von sechs Jahren Mädchenkleider und hatten lange, lockige Haare. Und vor etwa 100 Jahren fand man einen Matrosenanzug chic.
Heute, wo alle Kinder eigentlich die gleichen Sachen tragen, versuchen viele Jugendliche, sich über „Markenklamotten“ von den anderen zu unterscheiden.	Ihre Arbeit leistet heute ein Traktor oder Vollernter. Und als Beförderungsmittel benutzen wir Autos, Busse oder die Bahn.
Wichtig sind Tiere aber immer noch dort, wo es keine Straße gibt oder das Gelände unwegsam ist.	Aber manchen Kindern ist das auch egal und sie tragen ihre Lieblingskleidung, weil sie superpraktisch ist.

1 Hier sind zwei Texte vermischt. Übermale die Textteile, die zusammengehören, mit der gleichen Farbe.

2 Beantworte folgende Frage: Was galt früher bei Jungen und Mädchen als feine Kleidung und was als Alltagsbekleidung?

Punkte
16 |
6 |

Zu den Sprachbuchkapiteln 10–12
einen verwürfelten Text ordnen;
eine Frage zu einem Text beantworten

13. Jo-Jo-Seite

Sykanya lebt in Thailand. Wenn sie morgens zur Schule kommt, wird sie von ihren Freunden schon mit Spannung erwartet. Wer hat schon ein Schultaxi mit vier Beinen, großen Ohren und einem Rüssel? Jampi heißt die Elefantenkuh, auf der das Mädchen zur Schule reitet. Das Tier ist fast drei Tonnen schwer und misst von Kopf bis Fuß drei Meter. Schon bei Sonnenaufgang mistet die Zehnjährige den Stall aus und geht mit der Elefantenkuh im Fluss baden. Nachmittags legt Sykanya Ananasblätter bereit, von denen Jampi jeden Tag bis zu 250 Kilogramm frisst.

Da würde selbst Daniel Düsentrieb vor Neid erblassen: Mit zwei Spezialraketen auf dem Rücken hat der 32-jährige Dirk Auer einen neuen Geschwindigkeitsrekord im Inlineskaten aufgestellt. Sagenhafte 172,4 km/h schnell sauste er auf 12 Rollen über den Asphalt. So manches Auto hätte da nicht mithalten können. Die Rekordversuche des Extremsportlers kommen normalen Skatern zugute. Dirk Auer testet nämlich neue Materialien, aus denen besonders strapazierfähige Rollen und Bremsen für Inlineskates hergestellt werden sollen.

1 Lies beide Texte. Kreuze an, was die wichtigste Absicht der Texte ist.

Punkte 1 |

- ☐ Sie wollen über die Schule in anderen Ländern informieren.
- ☐ Sie wollen etwas Ausgedachtes erzählen.
- ☐ Sie wollen über ein besonderes Taxi und einen besonderen Rekordversuch berichten.

Eine Schule in Thailand | Vierbeiniges Schultaxi | Ein toller Sportler | Schneller als ein Auto | Was ein Elefant frisst | Daniel Düsentrieb

2 Finde zu jedem der beiden Texte eine passende Überschrift. Schreibe sie über den Text.

Punkte 2 |

3 Unterstreiche im Text die Antworten auf folgende Fragen. Verwende die angegebenen Farben:

Punkte 4 |

a) Was testete Dirk Auer bei seinem Geschwindigkeitsrekord?
b) Wie schwer und wie groß ist Sykanyas Schultaxi?
c) Wie viel und was frisst Jampi?
d) Wie hat Dirk Auer seinen Geschwindigkeitsrekord erreicht?

14. Jo-Jo-Seite

Hauptübung bei der Feuerwehr

Heute hat die Feuerwehr ihre Hauptübung. Die Mitglieder kennen ihre Pflichten. Alle sind auf dem Hof angetreten. Die Übungsidee lautet: Das Stroh in der Scheune des Bauern Jakob hat sich entzündet. Jetzt ertönt das Alarmsignal. Zuerst verlässt der Kommandant das Feuerwehrhaus. Kurz darauf folgt der Mannschaftswagen. Zuletzt rückt ein Fahrer mit der Drehleiter aus. An der Straße stehen viele Zuschauer, die gespannt die Übung verfolgen. Das Wasser klatscht auf das Pflaster. Ein Pflug wird geborgen. Die Übung verläuft planmäßig. Nach einer Stunde ist alles vorbei.

1 In dem Text findest du viele Zeit- und Ortsangaben. Unterstreiche Ortsangaben (Wo?/Wohin?) gelb und Zeitangaben (Wann?) mit einem Bleistift. — **Punkte 10 |**

2 Ordne die Orts- und Zeitangaben in eine Tabelle ein. — **Punkte 10 |**

Wann?	Wo?/Wohin?

äu, eu und ä

der Fr ___ nd   die Kr ___ fte   r ___ men   das F ___ er

die Schl ___ che   die B ___ me   die N ___ he   t ___ er

die L ___ te   die Sch ___ ne   die Sch ___ den   die Br ___ nde

3 Ergänze die fehlenden Buchstaben. — **Punkte 12 |**

4 Finde zu jedem Wort mit **äu** oder **ä** ein verwandtes Wort mit **au** oder **a**. — **14 |**

15. Jo-Jo-Seite

„Der überaus starke Willibald“ – ein Kinderbuch von Willi Fährmann

☐ In einem großen grauen Haus lebt friedlich eine Mäusegesellschaft.

☐ Eines Tages verbreitet sich das Gerücht, eine große, getigerte Katze schleiche um das Haus.

☐ Der überaus starke Willibald nutzt die Gelegenheit und erklärt sich zum Boss.

☐ Vorbei sind die Zeiten der Beratungen.

☐ Er lässt alle Mäuse marschieren und Schlachtrufe üben.

☐ Er teilt auch jeder Mäusefamilie ein Zimmer zu.

☐ Lillimaus, die einzige Maus mit weißem Fell und roten Augen, verbannt er in die Bibliothek.

☐ Ihr Verwandter Karlemaus erschrickt, denn in der Bibliothek gibt es nichts zu essen.

☐ Wird Lillimaus überleben?

1 Zu welcher Wortart gehören die unterstrichenen Wörter?
Trage ein: **N** für Nomen, **V** für Verb und **A** für Adjektiv.

Punkte 9 |

erschre-	pla-	
schlu-	schme-	**cken**
Lü-	Sä-	**cke**
Zu-	E-	**cker**
entde-	lo-	

ausnut-	stüt-	
verlet-	Pfüt-	**zen**
Kat-	schmut-	**ze**
Rüt-	sit-	**zig**
wit-	Sät-	

Punkte 18 |

2 Setze die Silben zu Wörtern zusammen und schreibe sie auf.
Achtung: Immer ein Kuckucksei ist dabei.

Kontrollblätter zu den Jo-Jo-Seiten

1. Jo-Jo-Seite

Die Göttin Seschat

Die alten Ägypter verehrten viele Göttinnen und Götter. So gab es auch eine Göttin der Schreibkunst und des Rechnens. Ihr Name war Seschat.
Seschat hatte ein Leopardenfell über dem üblichen engen Gewand der Göttinnen an.
Ihr Halsschmuck bestand aus zwei verschiedenfarbigen Ketten. Auf dem Kopf trug sie einen siebenstrahligen Stern, der einer grünen Palmrispe ähnelte, mit einem hellblauen Bogen darüber.
Ihre Haare waren schwarz und wurden von einem roten Band gehalten. In der Hand hielt sie meist einen braunen Schreibstift und eine Palette.
An den Füßen trug sie Sandalen. Wenn ein König neu gekrönt wurde, schrieb sie die Regierungsjahre auf. In ihrer Funktion als Göttin des Schreibens notierte sie alles, was in Listen erfasst wurde, wie zum Beispiel Abgaben, Kriegsgefangene, Schreiber und anderes.

1 Zeichne das Bild von der Göttin Seschat mit Hilfe des Textes fertig. — Punkte 9 |

2 Schreibe aus dem Text ab, welche Aufgaben Seschat hatte. — Punkte 4 |

Wenn ein König neu gekrönt wurde, schrieb sie die Regierungsjahre auf. In ihrer Funktion als Göttin des Schreibens notierte sie alles, was in Listen erfasst wurde, wie zum Beispiel Abgaben, Kriegsgefangene, Schreiber und anderes.

2. Jo-Jo-Seite

schwierig | trennen | frech | steigen | krank | ernähren | ähnlich
klug | ehrlich | häufig | lenken | offen | tapfer | forschen | dunkel

1 Bilde mit Hilfe der Wortbausteine **-ung**, **-heit** und **-keit** Nomen. Schreibe die Nomen mit dem bestimmten Artikel auf. — Punkte 15 |

Nomen mit -ung	Nomen mit -heit	Nomen mit -keit
die Trennung	die Frechheit	die Schwierigkeit
die Steigung	die Krankheit	die Ähnlichkeit
die Ernährung	die Klugheit	die Ehrlichkeit
die Lenkung	die Offenheit	die Häufigkeit
die Forschung	die Dunkelheit	die Tapferkeit

2 Welche Wortart bildet Nomen auf **-ung** und welche auf **-heit** oder **-keit**? Ergänze den Satz. — Punkte 2 |

Verben bilden Nomen auf **-ung** und Adjektive auf **-heit** oder **-keit**.

erleben | wild | zeugen
verzeihen | erlauben | ergeben
-nis

3 Bilde Nomen auf **-nis** und schreibe sie mit dem bestimmten Artikel auf. Achtung: Ein Kuckucksei ist versteckt. — Punkte 5 |

das Erlebnis, die Wildnis, das Zeugnis, die Erlaubnis, das Ergebnis

zerlaufen	zerbrechen	~~zerschreiben~~	zerstechen	zerstören
~~erschreiben~~	erscheinen	erkälten	errechnen	ergeben
verlaufen	verstehen	verlassen	vergeben	~~vereignen~~
entstehen	~~entsingen~~	entlassen	entwickeln	entfernen
bestehen	befahren	beschreiben	~~beessen~~	behalten

4 In jeder Reihe ist ein Verb versteckt, das es nicht gibt. Streiche es durch. — Punkte 5 |

3. Jo-Jo-Seite

1 Probiere aus, welche Wortbausteine du mit den Verben zusammensetzen kannst. Schreibe die neuen Verben auf. — Punkte 8 |

vorrechnen, nachrechnen, verrechnen, ausrechnen, mitrechnen, verpacken, auspacken, einpacken

Enttäuscht wendet sich Thea von ihrer Freundin ab.
Paul wendet beim Üben die Verlängerungsregel an.
Julius und Lisa verwenden Hefte aus Umweltschutzpapier.
Ein Dieb hat meinem Vater die Brieftasche entwendet.
„Wenn niemand mehr etwas einwenden will, sollten wir die Diskussion beenden und zur Abstimmung kommen."

anwenden | einwenden | entwenden | verwenden | abwenden

2 Setze die Verben richtig ein. — Punkte 5 |

e oder ä?

er verschläft | er klettert | es wächst | sie trägt | sie gräbt
die Zähne | das Fenster | kleben | die Nähe | schläfrig

3 Ergänze die fehlenden Buchstaben. — Punkte 10 |

4 Finde zu jedem Wort mit **ä** ein verwandtes Wort mit **a**. Schreibe die Wortpaare auf. — Punkte 14 |

er verschläft – schlafen, es wächst – wachsen, sie trägt – tragen, sie gräbt – graben, die Zähne – der Zahn, die Nähe – nah, schläfrig – schlafen

4. Jo-Jo-Seite

Von der Fee, die Feuer speien konnte

2 In diesem Wald fiel niemals Schnee, weil ihn eine Fee bewohnte, die Anna Susanna Lachdochmal hieß. Diese Fee war so lustig und luftig und duftig und hatte so rosige Sommersprossen und trug ein so wehendes maigrünes Kleid, dass jedem, der sie nur ansah, ganz warm ums Herz wurde.

1 Es war einmal ein Wald, in dem es niemals schneite. Dieser Wald lag nicht im glühenden Afrika und auch nicht im heißen Indien, er lag gar nicht weit weg von der Stadt Berlin zwischen Sachsen und Mecklenburg. Heute lebt kein Baum dieses Waldes mehr, aber einige Urururenkel der Dachse, die damals dort gesiedelt haben, sind heute genauso alt wie ihr.

4 Eines Tages kam der Winterkönig, nach dem Rechten zu schauen. „Was soll denn das?", fragte er verwundert. „Ringsum liegt tiefer, tiefer Schnee, wie es sich für einen Winterwald ziemt, und hier brummen die Hummeln und duften die Veilchen! Das ist ja eine verkehrte Welt!"

3 So geschah es auch den Wolken voll Schnee. Wenn sie vom Norden gezogen kamen, wo der Winterkönig in seinem Schloss aus Eis wohnt, flog Anna Susanna zu ihnen hoch, kitzelte sie an den Raureifbacken und sagte: „Guckt nicht so grimmig, lacht doch mal!" Da wurde den Wolken ganz warm ums Herz und ihr Schnee fiel als milder Regen nieder.

5 Da kam auch schon Anna Susanna geweht und kraulte dem König den Eiszapfenbart und rief: „Guck nicht so grimmig, lach doch mal!"

6 „Ich werd dir was pusten!", sagte der Winterkönig. „Du bist ein unglaublich freches Ding. Ich dulde nicht, dass du in mein Reich so ein Loch voll ewigem Sommer machst ... Ich werd dir schon zeigen, wer winters hier Herr ist!"

Franz Fühmann

1 Nummeriere die Textabschnitte in der richtigen Reihenfolge. — Punkte 6 |

2 Suche zu jedem Bild den richtigen Textabschnitt und schreibe die Nummer dazu. — Punkte 3 |

Kontrollblätter zu den Jo-Jo-Seiten

5. Jo-Jo-Seite

Forschen im ewigen Eis

Lange vermuteten die Menschen, dass ganz im Norden der Erde die Welt zu Ende wäre. Die Schiffe der Seeleute mussten immer wieder umkehren. Sie drohten im Eis stecken zu bleiben. Erst vor etwa 100 Jahren erreichten die ersten Abenteurer den Nordpol und den Südpol. Sie entdeckten damit die kältesten Gebiete der Erde. Und was so erstaunlich war: Sie trafen auf Menschen und Tiere, die dort lebten. Den Pinguinen und Eisbären kann es zum Beispiel nicht kalt genug sein. Aber besuchen können sie sich nur im Zoo. Denn die Eisbären leben nahe dem Nordpol und die Pinguine rund um den Südpol. Die Pinguine müssten um die halbe Welt wandern, wenn sie die Eisbären einmal in der Natur treffen wollten.

Wer oder was sollte ganz im Norden zu Ende sein? — *die Welt*

Wessen Schiffe mussten immer wieder umkehren? — *der Seeleute*

Wen oder was erreichten vor 100 Jahren erste Abenteurer? — *den Nordpol und den Südpol*

Wen oder was entdeckten sie damit? — *die kältesten Gebiete*

Wem kann es nicht kalt genug sein? — *den Pinguinen und Eisbären*

Wer oder was lebt nahe am Nordpol? — *die Eisbären*

Wer oder was muss um die halbe Welt wandern? — *die Pinguine*

1 Schreibe als Antwort auf die Fragen nur das Nomen mit seinem Artikel auf. — Punkte 7 |

der Nor**d**en das En**d**e kal**t** le**b**haft die Hal**b**zeit der Eisber**g**

en**d**en nör**d**lich le**b**ten das Gebir**g**e hal**b** erkäl**t**en

en**d**los verber**g**en der Nor**d**pol die Käl**t**e hal**b**ieren das Le**b**en

2 Ergänze die fehlenden Buchstaben. — Punkte 18 |

3 Unterstreiche bei den Wörtern von Aufgabe 2 jede Wortfamilie mit einer anderen Farbe. — Punkte 6 |

6. Jo-Jo-Seite

Waldameisen

Ameisen zählen weltweit zu den häufigsten Tieren. Viele Arten bilden hoch entwickelte Staaten. Waldameisen stehen unter Naturschutz. Sie leben in großen Ameisenhügeln aus Tannennadeln und Zweigchen. Die Arbeiterinnen pflegen die Brut und die Königin. Sie bauen und reparieren die Burg und bewachen die Eingänge. Sie ziehen auch auf duftmarkierten Straßen zur Nahrungssuche aus. Ihr Jagdgebiet erstreckt sich bis in die Baumkronen. Sie vertilgen viele Schädlinge. Förster schätzen die Ameisen sehr und bezeichnen sie als Polizei des Waldes. An manchen Sommertagen drängen plötzlich geflügelte Königinnen und Männchen aus dem Nest. Sie starten dann zum Hochzeitsflug.

1 Unterstreiche in jedem Satz das Subjekt blau. — Punkte 12 |

2 Unterstreiche das Prädikat rot. — Punkte 15 |

Ameisen zählen weltweit zu den häufigsten Tieren.

3 Stelle die Satzglieder so um, dass wieder ein Aussagesatz entsteht. Schreibe alle Möglichkeiten auf, die du findest. — Punkte 3 |

Weltweit zählen Ameisen zu den häufigsten Tieren.
Zu den häufigsten Tieren weltweit zählen Ameisen.
Weltweit zu den häufigsten Tieren zählen Ameisen.

die Ta**nn**e	die Karto**ff**el	besti**mm**en
begi**nn**en	pfei**f**en	der Hi**mm**el
mei**n**en	ö**ff**nen	der Sta**mm**
eri**nn**ern	ho**ff**entlich	nie**m**als
dü**nn**	scha**ff**en	schli**mm**

4 In jeder Reihe fehlen bestimmte doppelte Konsonanten. Fülle die Lücken und schreibe die Wörter auf. Achtung: In jeder Reihe steht ein Kuckucksei. — Punkte 12 |

die Tanne, beginnen, erinnern, dünn
die Kartoffel, öffnen, hoffentlich, schaffen
bestimmen, der Himmel, der Stamm, schlimm

7. Jo-Jo-Seite

Der Traum vom Leben im Weltraum

Viele Jahrhunderte lang schien der Weltraum den Menschen unerreichbar fern. Aber 1961 war es so weit: Der russische Kosmonaut Juri Gagarin flog als erster Mensch ins All. 1969 verließ dann der Amerikaner Neil Armstrong als Erster die Mondfähre und betrat gemeinsam mit Edwin Aldrin den Mond. Heute arbeiten in der Raumfahrt Forscher vieler Nationen zusammen, zum Beispiel beim Bau der internationalen Raumstation ISS. Sie entwerfen und konstruieren für die künftigen Forschungsteams auf der Station Instrumente für Experimente und Beobachtungen. Die ISS bietet in ihrem Innenraum so viel Platz wie ein 747-Jumbo-Jet. Die Astronauten werden darin schlafen und arbeiten. Die Reise ins All werden sie in Etappen durchführen. Mit einem Raumschiff werden sie zur ersten Raumstation fliegen, dann zu einer nächsten, bis zu ihrem endgültigen Ziel. Möglicherweise werden irgendwann auch einmal Touristen gegen viel Geld eine Raumstation besuchen.

1 In dem Text treten die Verben in verschiedenen Zeitformen auf. Unterstreiche Verbformen in der Gegenwart blau, in der Vergangenheit grün, in der Zukunft rot. — Punkte 14 |

der Forscher der Entdecker der Fahrer der Pfleger
der Astronaut der Pilot der Lehrer der Musiker

2 Schreibe für jede Berufsbezeichnung die weibliche Form in der Einzahl und Mehrzahl auf. — Punkte 16 |

die Forscherin – die Forscherinnen, die Entdeckerin – die Entdeckerinnen, die Fahrerin – die Fahrerinnen, die Pflegerin – die Pflegerinnen, die Astronautin – die Astronautinnen, die Pilotin – die Pilotinnen, die Lehrerin – Lehrerinnen, die Musikerin – die Musikerinnen

Qu oder qu?

quer **Qu**elle **Qu**ark **qu**etschen **Qu**atsch **Qu**iz
Kaul**qu**appe **Qu**alle **qu**aken **qu**ietschen **Qu**ittung
qualmen be**qu**em **qu**älen **Qu**artett

3 Setze **Qu** oder **qu** richtig ein. — Punkte 15 |

8. Jo-Jo-Seite

Wandertag

die Klasse 4 b | einen Ausflug | mit den Eltern | macht
den Bus | Tanias Vater | fährt
ihm | den Weg | zeigt | Herr Müller
John | einen schweren Rucksack | schleppt
Tania und Büsra | die Verbandstasche | geben | Frau Klausen
Torsten | zeigt | seinen Fotoapparat | Luca
Sandro | Schokoriegel | verteilt
schenkt | Uli | seinen Riegel | Selim

1 Bilde mit den Satzgliedern Sätze und schreibe sie auf. Beginne jeden Satz mit dem Subjekt. — Punkte 8 |

Die Klasse 4 b macht mit den Eltern einen Ausflug. Tanias Vater fährt den Bus. Herr Müller zeigt ihm den Weg. John schleppt einen schweren Rucksack. Tania und Büsra geben Frau Klausen die Verbandstasche. Torsten zeigt Luca seinen Fotoapparat. Sandro verteilt Schokoriegel. Uli schenkt Selim seinen Riegel.

2 Unterstreiche in deinen Sätzen Subjekte blau, Prädikate rot, Ergänzungen im Wem-Fall einmal und Wen-Fall zweimal. — Punkte 29 |

W**oh**nung K**üh**ler N**äh**rstoffe L**eh**rreich n**ah**rhaft
k**üh**len ern**äh**ren L**eh**ren w**oh**nen K**üh**lschrank
N**ah**rung w**oh**nlich L**eh**rerin k**üh**l W**oh**nhaus

3 Hier stehen vier Wortfamilien. Setze die fehlenden Buchstaben ein. — Punkte 15 |

4 Unterstreiche jede Wortfamilie mit einer Farbe. — Punkte 4 |

Kontrollblätter zu den Jo-Jo-Seiten

9. Jo-Jo-Seite

ss oder ß?

abgeschlo *ss* en das Schlo *ss* schlie *ß* lich der Verschlu *ss*

verschlo *ss* en das Schlü *ss* elloch schlie *ß* en verschlie *ß* bar

der Schlü *ss* el aufschlie *ß* en

1 Setze **ss** oder **ß** richtig ein. Punkte 10 |

Müde kommt Timo vom Ausflug zurück. Im Rucksack sucht er seinen *Schlüssel*. Aber vergebens. Er hat den *Schlüssel* verloren. Nun kann er das *Schloss* der Haustür nicht öffnen. Er läuft ums Haus herum und probiert an allen Fenstern und Türen, ob sie *abgeschlossen* sind. Aber keine Chance: Alles ist fest *verschlossen*. *Schließlich* klingelt Timo bei der Nachbarin. Ein Glück! Sie hat einen *Schlüssel*. Timo kann *aufschließen* und ist endlich zu Hause.

2 Setze passende Wörter aus Aufgabe 1 in den Text ein. Punkte 8 |

faul | lustiger | am stärksten | weiter | schnell | am breitesten | langsamer | gut

3 Ordne die Vergleichsstufen in die richtige Spalte ein.
Ergänze die fehlenden Formen. Punkte 24 |

Grundstufe	1. Vergleichsstufe	2. Vergleichsstufe
faul	*fauler*	*am faulsten*
lustig	*lustiger*	*am lustigsten*
stark	*stärker*	*am stärksten*
weit	*weiter*	*am weitesten*
schnell	*schneller*	*am schnellsten*
breit	*breiter*	*am breitesten*
langsam	*langsamer*	*am langsamsten*
gut	*besser*	*am besten*

10. Jo-Jo-Seite

Thomas und Annika überreden Pippi in die Schule zu gehen.

Annika sagt: „Wenn du wüsstest, wie lustig es in der Schule zugeht."

Thomas fährt fort: „Man braucht nur bis zwei Uhr dazubleiben. Das ist wirklich nicht lange."

Annika ergänzt: „Und dann erst die Ferien! Man bekommt Weihnachtsferien und ganz lange Sommerferien."

Thomas beteuert: „Die Pausen sind überhaupt das Tollste. Dann kann man spielen."

Pippi schimpft: „Das ist ungerecht!"

„Was denn *?", fragt Thomas*.

„Ihr bekommt Ferien und ich nicht. Das lasse ich mir nicht gefallen *!", erklärt Pippi*.

sagen | fragen | ergänzen | schimpfen | beteuern | fortfahren | erklären

5 x : 5 x „ " 1 x „?" 1 x „!" 2 x ,

1 Wer sagt was? Schreibe zu den Sätzen der wörtlichen Rede jeweils einen Begleitsatz. Verwende dabei die vorgegebenen Verben und ergänze die fehlenden Satzzeichen. Punkte 14 |

meinen	X	ändern		brüllen	X
überreden	X	sich beschweren	X	umräumen	
stolpern		schreien	X	flüstern	X
pflanzen		maulen	X	kochen	

2 Kreuze die Wörter an, die zum Wortfeld **sagen** gehören. Punkte 7 |

11. Jo-Jo-Seite

Gesicht | Fieber | schlimm | liegen | Tiger | Wind
Papier | Dienstag | Bier | Bild | niemand | wir
Liste | Tinte | Fibel | Riese | gierig | Igel | Kino
niedlich | Juni | Bibel | Birke | Biene | Gardine

1 Übermale alle Wörter mit langem i farbig. Punkte 18 |

richt *ig* brenn *bar* regner *isch* namen *los*
nütz *lich* gefähr *lich* neugier *ig* streit *bar*
fantast *isch* sonder *bar* kom *isch* schäd *lich*
wolken *los* himml *isch* lust *ig* sorg *los*

-ig | -lich | -isch | -bar | -los

2 Bilde mit Hilfe der Wortbausteine Adjektive. Punkte 16 |

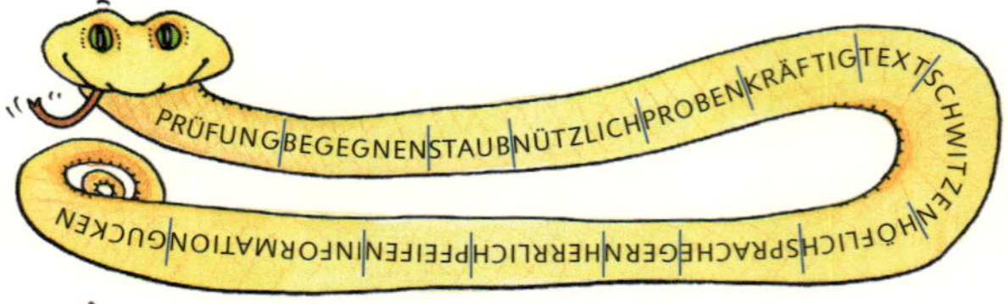

3 Zeichne Trennstriche zwischen die Wörter.
Schreibe die Wörter nach Wortarten geordnet auf. Punkte 15 |

Nomen: *die Prüfung, der Staub, der Text, die Sprache, die Information*

Verben: *begegnen, proben, schwitzen, pfeifen, gucken*

Adjektive: *nützlich, kräftig, höflich, gern, herrlich*

12. Jo-Jo-Seite

Früher und heute

Heute tragen Kinder am liebsten bunte T-Shirts und Jeans.	Schon im Altertum nutzten die Menschen Tiere als Beförderungsmittel.
Esel, Maultiere, Pferde, Ochsen, Kamele, ja sogar Elefanten trugen schwere Lasten oder wurden von den Menschen geritten.	Das war aber nicht immer so: Früher waren sie oft wie kleine Erwachsene gekleidet, die Jungen mit einem Anzug, die Mädchen mit einem feinen Kleid.
In der Antike wurden Wagenrennen veranstaltet und im Krieg zogen Pferde die Kampfwagen.	Das aber nur an Sonntagen und wenn sie mit den Eltern ausgingen.
Im Alltag trugen sie eher praktische Kleidung: Die Mädchen ein einfaches Kleid mit einer Schürze, die Jungen kurze oder lange Hosen und ein Hemd.	Seit der Erfindung des Verbrennungsmotors 1885 wurden die Tiere nach und nach durch Maschinen ersetzt.
Das war aber auch sinnvoll, denn die meisten Kinder mussten zu Hause mithelfen.	Nur die Kinder reicher Leute konnten sich aufwändige und teure Kleidung erlauben. Für sie gab es auch früher eine Art „Kindermode".
Aber noch vor etwa 50 Jahren konnte man überall auf dem Land Ochsen- und Pferdegespanne sehen und fast jeder Bauernhof hatte einen Stall, in dem die Zugtiere untergebracht waren.	So trugen vor etwa 200 Jahren männliche Kinder bis zum Alter von sechs Jahren Mädchenkleider und hatten lange, lockige Haare. Und vor etwa 100 Jahren fand man einen Matrosenanzug chic.
Heute, wo alle Kinder eigentlich die gleichen Sachen tragen, versuchen viele Jugendliche, sich über „Markenklamotten" von den anderen zu unterscheiden.	Ihre Arbeit leistet heute ein Traktor oder Vollernter. Und als Beförderungsmittel benutzen wir Autos, Busse oder die Bahn.
Wichtig sind Tiere aber immer noch dort, wo es keine Straße gibt oder das Gelände unwegsam ist.	Aber manchen Kindern ist das auch egal und sie tragen ihre Lieblingskleidung, weil sie superpraktisch ist.

1 Hier sind zwei Texte vermischt. Übermale die Textteile, die zusammengehören, mit der gleichen Farbe. Punkte 16 |

2 Beantworte folgende Frage: Was galt früher bei Jungen und Mädchen als feine Kleidung und was als Alltagsbekleidung? 6 |

Als feine Kleidung galt bei Jungen ein Anzug und bei Mädchen ein feines Kleid. Im Alltag trugen Mädchen ein einfaches Kleid mit einer Schürze und Jungen kurze oder lange Hosen und ein Hemd.

Kontrollblätter zu den Jo-Jo-Seiten

13. Jo-Jo-Seite

Vierbeiniges Schultaxi

Sykanya lebt in Thailand. Wenn sie morgens zur Schule kommt, wird sie von ihren Freunden schon mit Spannung erwartet. Wer hat schon ein Schultaxi mit vier Beinen, großen Ohren und einem Rüssel? Jampi heißt die Elefantenkuh, auf der das Mädchen zur Schule reitet. Das Tier ist fast drei Tonnen schwer und misst von Kopf bis Fuß drei Meter. Schon bei Sonnenaufgang mistet die Zehnjährige den Stall aus und geht mit der Elefantenkuh im Fluss baden. Nachmittags legt Sykanya Ananasblätter bereit, von denen Jampi jeden Tag bis zu 250 Kilogramm frisst.

Schneller als ein Auto

Da würde selbst Daniel Düsentrieb vor Neid erblassen: Mit zwei Spezialraketen auf dem Rücken hat der 32-jährige Dirk Auer einen neuen Geschwindigkeitsrekord im Inlineskaten aufgestellt. Sagenhafte 172,4 km/h schnell sauste er auf 12 Rollen über den Asphalt. So manches Auto hätte da nicht mithalten können. Die Rekordversuche des Extremsportlers kommen normalen Skatern zugute. Dirk Auer testet nämlich neue Materialien, aus denen besonders strapazierfähige Rollen und Bremsen für Inlineskates hergestellt werden sollen.

1 Lies beide Texte. Kreuze an, was die wichtigste Absicht der Texte ist. Punkte 1 |

- [ ] Sie wollen über die Schule in anderen Ländern informieren.
- [ ] Sie wollen etwas Ausgedachtes erzählen.
- [x] Sie wollen über ein besonderes Taxi und einen besonderen Rekordversuch berichten.

Eine Schule in Thailand | Vierbeiniges Schultaxi | Ein toller Sportler
Schneller als ein Auto | Was ein Elefant frisst | Daniel Düsentrieb

2 Finde zu jedem der beiden Texte eine passende Überschrift. Schreibe sie über den Text. Punkte 2 |

3 Unterstreiche im Text die Antworten auf folgende Fragen. Verwende die angegebenen Farben: Punkte 4 |

a) Was testete Dirk Auer bei seinem Geschwindigkeitsrekord?
b) Wie schwer und wie groß ist Sykanyas Schultaxi?
c) Wie viel und was frisst Jampi?
d) Wie hat Dirk Auer seinen Geschwindigkeitsrekord erreicht?

14. Jo-Jo-Seite

Hauptübung bei der Feuerwehr

Heute hat die Feuerwehr ihre Hauptübung. Die Mitglieder kennen ihre Pflichten. Alle sind auf dem Hof angetreten. Die Übungsidee lautet: Das Stroh in der Scheune des Bauern Jakob hat sich entzündet. Jetzt ertönt das Alarmsignal. Zuerst verlässt der Kommandant das Feuerwehrhaus. Kurz darauf folgt der Mannschaftswagen. Zuletzt rückt ein Fahrer mit der Drehleiter aus. An der Straße stehen viele Zuschauer, die gespannt die Übung verfolgen. Das Wasser klatscht auf das Pflaster. Ein Pflug wird geborgen. Die Übung verläuft planmäßig. Nach einer Stunde ist alles vorbei.

1 In dem Text findest du viele Zeit- und Ortsangaben. Unterstreiche Ortsangaben (Wo?/Wohin?) gelb und Zeitangaben (Wann?) mit einem Bleistift. Punkte 10 |

2 Ordne die Orts- und Zeitangaben in einer Tabelle ein. Punkte 10 |

Wann?	Wo?/Wohin?
Heute	auf dem Hof
Jetzt	in der Scheune
Zuerst	An der Straße
Kurz darauf	auf dem Pflaster
Zuletzt	
Nach einer Stunde	

äu, eu und ä

der Freund, die Kräfte, räumen, das Feuer
die Schläuche, die Bäume, die Nähe, teuer
die Leute, die Scheune, die Schäden, die Brände

3 Ergänze die fehlenden Buchstaben. Punkte 12 |

4 Finde zu jedem Wort mit **äu** oder **ä** ein verwandtes Wort mit **au** oder **a**. Punkte 14 |

die Kräfte – die Kraft, räumen – der Raum, die Schläuche – der Schlauch, die Bäume – der Baum, die Nähe – nah, die Schäden – der Schaden, die Brände – der Brand

15. Jo-Jo-Seite

„Der überaus starke Willibald" – ein Kinderbuch von Willi Fährmann

[A] In einem großen grauen Haus lebt friedlich eine Mäusegesellschaft.

[N] Eines Tages verbreitet sich das Gerücht, eine große, getigerte Katze schleiche um das Haus.

[V] Der überaus starke Willibald nutzt die Gelegenheit und erklärt sich zum Boss.

[N] Vorbei sind die Zeiten der Beratungen.

[V] Er lässt alle Mäuse marschieren und Schlachtrufe üben.

[N] Er teilt auch jeder Mäusefamilie ein Zimmer zu.

[A] Lillimaus, die einzige Maus mit weißem Fell und roten Augen, verbannt er in die Bibliothek.

[V] Ihr Verwandter Karlemaus erschrickt, denn in der Bibliothek gibt es nichts zu essen.

[V] Wird Lillimaus überleben?

1 Zu welcher Wortart gehören die unterstrichenen Wörter? Trage ein: **N** für Nomen, **V** für Verb und **A** für Adjektiv. Punkte 9 |

erschre-	pla-		ausnut-	stüt-	
schlu-	schme-	**cken**	verlet-	Pfüt-	**zen**
Lü-	Sä-	**cke**	Kat-	schmut-	**ze**
Zu-	E-	**cker**	Rüt-	sit-	**zig**
entde-	lo-		wit-	Sät-	

2 Setze die Silben zu Wörtern zusammen und schreibe sie auf. Achtung: Immer ein Kuckucksei ist dabei. Punkte 18 |

erschrecken, schlucken, die Lücke, der Zucker, entdecken, schmecken, die Säcke, die Ecke, locker
ausnutzen, verletzen, die Katze, witzig, stützen, die Pfütze, schmutzig, sitzen, die Sätze

Jo-Jo
Sprachbuch 4

Allgemeine Ausgabe

Arbeitsheft

Erarbeitet von
Frido Brunold, Erika Götz, Henriette Naumann-Harms,
Klaus Ohnacker, Eva Wricke
und der Cornelsen Redaktion Primarstufe

unter Einbeziehung der Ausgabe von
Karin Engewald, Marianne Franz, Friedrich-Wilhelm Mielke,
Johanna Vogel

mit Lernstandsseiten von
Christine Kretschmer

Redaktion
Cornelia Ostberg

Illustration
Anke am Berg, Barbara Korthues

Umschlaggestaltung
tritopp, Barbara Korthues

Layoutkonzept
tritopp

Layout und technische Umsetzung
tritopp

Quellen
S. 4 Brender, Irmela: Wofür ein Kind streiten soll (gekürzt). Aus: Streitbuch für Kinder. Weinheim und Basel: Beltz Verlag 1973, Programm Beltz & Gelberg. S. 14 Brüder Grimm: Die Bienenkönigin (gekürzt). Aus: Märchen der Brüder Grimm. Weinheim und Basel: Beltz Verlag 1995, Programm Beltz & Gelberg. S. 31 Lindgren, Astrid: Pippi Langstrumpf (Auszug, gekürzt). Hamburg: Oetinger Verlag 1967. S. 39 Krüss, James: Das Feuer. Aus: Der wohltemperierte Leierkasten. Gütersloh: Verlag S. Mohn 1961. S. 42 Funke, Cornelia: Die wilden Hühner auf Klassenfahrt (Cover). Hamburg: Cecilie Dressler/Nord-Süd-Verlag 1996. S. 48 Fühmann, Franz: Von der Fee, die Feuer speien konnte (Auszug, gekürzt). Rostock: Hinstorff Verlag GmbH 2003. S. 57 Vierbeiniges Schultaxi. Schneller als ein Auto. (Auszüge, gekürzt) Aus: GEOlino, Nr. 9, September 2004. Hamburg: Gruner + Jahr AG & Co KG